奔驰车系原厂设备使用方法和技巧

武辉　主编

辽宁科学技术出版社

·沈阳·

图书在版编目（CIP）数据

奔驰车系原厂设备使用方法和技巧 / 武辉主编 . —
沈阳 : 辽宁科学技术出版社 , 2023.1
ISBN 978-7-5591-2695-5

Ⅰ . ①奔… Ⅱ . ①武… Ⅲ . ①汽车—车辆修理②汽
车—故障诊断 Ⅳ . ① U472.4

中国版本图书馆 CIP 数据核字 (2022) 第 151916 号

出版发行：辽宁科学技术出版社
　　　　　（地址：沈阳市和平区十一纬路25号　邮编：110003）
印 刷 者：辽宁新华印务有限公司
经 销 者：各地新华书店
幅面尺寸：210mm×285mm
印　　张：14.5
字　　数：400千字
出版时间：2023年1月第1版
印刷时间：2023年1月第1次印刷
责任编辑：吕焕亮
封面设计：盼　盼
责任校对：闻　洋
书　　号：ISBN 978-7-5591-2695-5
定　　价：98.00元

编辑电话：024-23284373
邮购热线：024-23284626
E-mail:atauto@vip.sina.com
http://www.lnkj.com.cn

前 言

奔驰汽车在中国市场上的保有量越来越多，需要大量专业的技师。那么我们作为汽车维修技师，需要快速入门并学会高效维修奔驰汽车。

以前汽车上只有几个独立的系统，简单的电脑控制，但是现在的汽车控制逻辑越来越复杂，各种通信网络错综交织，让现在的技师很是头痛。如果技师能够熟练使用奔驰原厂诊断设备（专检）的话，这些问题将会迎刃而解。

维修技师经常探讨的一些问题或者资料在奔驰专检中基本都是可以找到的。例如，发动机报曲轴位置传感器故障，技师咨询比较多的就是"传感器已经更换，故障依旧"，大家有没有遇到过？或者"这款奔驰汽车没修过，这个传感器工作原理是什么？"，再或者"大家有没有此传感器的电路图，分享一下"。其实这种情况下，即使我们很少维修过奔驰汽车，没有电路图基础，通过奔驰诊断软件 XENTRY 自己的逻辑，技师只需要进行故障代码引导检测，奔驰诊断软件 XENTRY 就会引导我们测量几号针脚，电压是多少，电阻是多少，告诉我们可能是什么部件坏了，最终建议我们更换相关的部件。

部件检测功能还会教我们如何具体测量和排除故障，即使我们不了解这个传感器的工作原理，也是可以通过诊断软件进行引导排除的；匹配学习功能也是很实用的，换完部件直接点击"学习并完成"；还有简单的，换完控制单元的试运行步骤，编程和设码只需要跟着电脑步骤操作就可以了；还可以查找保险丝继电器说明、控制单元安装位置、部件安装位置、控制单元电路图、控制单元针脚说明等很实用的功能。

奔驰维修资料查询软件 WIS 可以查找的资料有车辆部件的拆装详细步骤（例如拆装仪表台的详细步骤）、发动机大修时的正时校对方法、车辆保养复位详细步骤、螺丝拧紧顺序和扭矩、工作液加注量、标准测量数据值（例如，气缸压力，冷却液密封测试打压压力）、控制单元电路图、功能原理图、网络拓扑图、传感器和执行器工作原理、保险丝继电器的说明文件等，非常详细。

维修中经常出现订错配件问题，通过奔驰配件查询软件 EPC 也是可以轻松解决的。奔驰配件查询软件 EPC 可以详细地查询到车上配件的配件号码，这样我们根据配件号码在订配件时就不会出现错误，提高了维修效率。在这个软件上还可以实现查找部件安装位置，例如，技师在大拆了一辆奔驰汽车 1 个月后恢复车辆部件时，多少会有一些小的支架或者小的配件不好找到安装位置，此时就可以应用到奔驰配件查询软件 EPC 来快速地找到此部件的具体安装位置。

一般维修厂向客户收取工时费时，没标准，难统一，而奔驰汽车维修更换配件时都是有标准的维修工时费的。那么厂家工时费是怎么算出来的，又是怎么做到全国的价格都统一的呢？这要得益于奔驰维修工时查询软件 ASRA。

为了方便广大汽车维修技师学习维修奔驰汽车，我们编写了此书，相信通过学习和不断练习，大家一定可以在短时间内快速入门并学会高效维修奔驰汽车。

这本书设计的是零基础学习，每一步骤图文并茂并结合视频讲解，让大家一目了然并轻松掌握。编者在编写时，尽量让每个部分做到独立，模块化，不让前后篇章关联太多，这样大家就可以利用碎片的时间学习，轻松上手，增加学习的自信心；并且在编写的时候尽量让本书像一本工具书一样，需要什么知识，可以随时查找。例如，遇到一辆车的故障，需要查找发动机启动继电器的安装位置，我们直接打开此书的"奔驰全系车型的全车继电器功能详解，WIS 查询详细步骤"的部分，直接按照步骤一步一步点击，就会找到想要的资料了。

在本书编写过程中，参考了大量技术文献，也得到了有关汽车专家和有关部门的帮助，在此致谢！由于作者水平有限，加之时间仓促，书中差错和疏漏在所难免，恳请各位汽车维修同行批评指正。

武辉

目 录

第一部分　奔驰入门基础知识

1. 奔驰车辆识别号的详细含义

奔驰品牌的车辆识别号编码由 17 位数字和字母组成，根据车辆生产地的不同，常见的基本上有 3 种规格的车辆识别号形式。分别是：欧洲版本车辆识别号（FIN）；美国版本车辆识别号（VIN）；中国版本车辆识别号。下面分别详细地与大家分享一下。

1.1　欧洲版本车辆识别号（FIN）

<u>LE4</u>　<u>213</u>　<u>1</u>　<u>48</u>　<u>1</u>　<u>L</u>　<u>669387</u>

LE4　　　　　　　　　　　→ 生产厂家国际代码

例如：5DH 为墨西哥客车；8AB 为阿根廷；8AC 为阿根廷；9BM 为巴西；ADB 为南非；KPA 为韩国厢式货车；KPD 为韩国；KPG 为韩国；LE4 为中国；MHL 为印度尼西亚；NMB 为土耳其；RLM 为越南；WDB 为德国；VF9 为法国；VSA 为西班牙。

213　　　　　　　　　　→ 车型 / 车系

1　　　　　　　　　　→ 车身类型

例如：0 为标准轴距；1 为长轴；2 为旅行车；3 为 Coupe 双门跑车；4 为可折叠顶篷跑车；7 为运动型跑车（掀背式）；8 为加长豪华型轿车；9 为预留 / 其他（204.9 GLK）。

48　　　　　　　　　　→ 发动机类型 / 驱动方式

例如：00 ~ 29 为柴油发动机；30 ~ 79 为汽油发动机；76 ~ 79 为 12 缸发动机；80 ~ 89 为 4-Matic；90 ~ 99 为其他驱动方式 / 替代能源。

1　　　　　　　　　　→ 方向盘形式

例如：1 为左舵（CBU）；2 为右舵（CBU）；5 为左舵（CKD/SKD）；6 为右舵（CKD/SKD）。

注意：CBU 是整车进口的意思；CKD 是英文 Completely Knocked Down 的缩写，意思是"完全拆散"。换句话说，CKD 汽车就是进口或引进汽车时，汽车以完全拆散的状态进入，之后再把汽车的全部零、部件组装成整车的汽车。SKD 是英文 Semi-Knocked Down 的缩写，意思是"半散装"。换句话说，SKD 汽车就是指从国外进口汽车总成（如发动机、驾驶室、底盘等），然后在国内汽车厂装配而成的汽车。SKD 相当于国外将汽车做成"半成品"，进口之后简单组装成整车。

L　　　　　　　　　　→ 生产地 / 生产线代码

例如：A/B/C/D 为 Sindelfingen（辛德尔芬根）；F/G/H 为 Bremen（不来梅）；X 为 Graz（格拉茨）（奥地利）；7/J 为 Rastatt（拉施塔特）。

669387 → 生产序列号

1.2 美国版本车辆识别号（VIN）

LE4 Z G 4J B 7 H L 669387

= (LE4 213 1 48 1 L 669387)

LE4 → 生产厂家国际代码

Z → 车型 / 车系

例如：A=163；B=164；C=251；D=219；E=124；F=129；G=140；H=212；J=210；K=170；L=208；N=221；P= 215；R=203；S=230；U=211；T=209；V=240；W=171；Z=213。

G → 车身类型

例如：F = 0（标准轴距）；G = 1（加长轴距）；H = 2（旅行车）；J = 3（双门 Coupe）；K = 4（折叠顶篷 / 跑车）；M = AMG 车型；N = 7 运动型跑车（掀背式）；P = 8（Pullman）。

4J → 驱动方式 / 发动机类型

其中：A=0；B=1；C=2；D=3；E=4；F=5；G=6；H=7；J=8；K=9。

例如：00 ~ 29 为柴油发动机；30 ~ 79 为汽油发动机；76 ~ 79 为 12 缸发动机；80 ~ 89 为 4-Matic；90 ~ 99 为其他驱动方式 / 替代能源。

B → 安全配备

例如：D= safety belt + belt tightener with driver's airbag；E= safety belt + belt tightener with driver's airbag and front passenger's airbag；F= E additionally side airbag at the front and, if available , type 2 seat belt instead of lap for rear center seat；G= E additionally side airbag at the front；H= F additionally window airbag（HPC）；J = H additionally side airbag at the rear；W= identification of cars manufactured in Brazil。

7 → 检查码 / 校验码

H → Model year 生产年份

例如：A=2010；B=2011；C=2012；D=2013；E=2014；F=2015；G=2016；H=2017；J=2018；K=2019；L=2020；M=1991；N=1992；P=1993；R=1994；S=1995；T=1996；V=1997；W=1998；X=1999；Y=2000；1=2001；2=2002；3=2003；4=2004；5=2005；6=2006；7=2007；8=2008；9=2009。这个是 30 年一个完整的循环。

L → 生产地 / 生产线代码

例如：A/B/C/D 为 Sindelfingen（辛德尔芬根）；F/G/H 为 Bremen（不来梅）；X 为 Graz（格拉茨）（奥地利）；7/J 为 Rastatt（拉施塔特）。

669387 → 生产序列号

1.3 中国版本车辆识别号（仅供参考，已不使用）

LE4 F T M 8 K 8 5 A 900882

LE4 → 生产厂家国际代码

F → 车辆重量

例如：D 为 0 ~ 1360kg；E 为 1361 ~ 1841kg；F 为 1815 ~ 2267kg；G 为 2268 ~ 2721kg；H 为 2722 ~ 3175kg；J 为 3176 ~ 3628kg。

T → 驱动类型及方向

例如：J 为四驱、左方向；N 为四驱、右方向；T 为两驱、左方向；B 为两驱、右方向。

M → 车型系列

例如：L 为 C 级车；M 为 E 级车。

8 → 车身类型

例如：8 为 4 车门。

K → 装配发动机型号信息

8 → 识别码

5 → 生产年份

A → 生产地 / 生产线代码

例如：A/B/C/D 为 Sindelfingen（辛德尔芬根）；F/G/H 为 Bremen（不来梅）；X 为 Graz（格拉茨）（奥地利）；7/J 为 Rastatt（拉施塔特）。

900882 → 产品序列号 / 流水号

2. 奔驰发动机识别号码的详细含义

M 274 920 1 0 422509

274 → 类型

920 → 型号

1 → 发动机的生产线

例如：3 指在斯图加特；4 指在柏林。

0 → 指发动机的第百万号

422509 → 生产序列号

字母开头的注释：

M 是指汽油发动机，例如：M272/M276；

OM 是指柴油发动机，例如：OM642。

数字开头的注释：

1/2 是指汽油发动机，例如：M112/M276；

6 是指柴油发动机，例如：OM642。

3. 车型/车系总览

车型 / 车系总览展示部分，如图 1-1、图 1-2 所示。

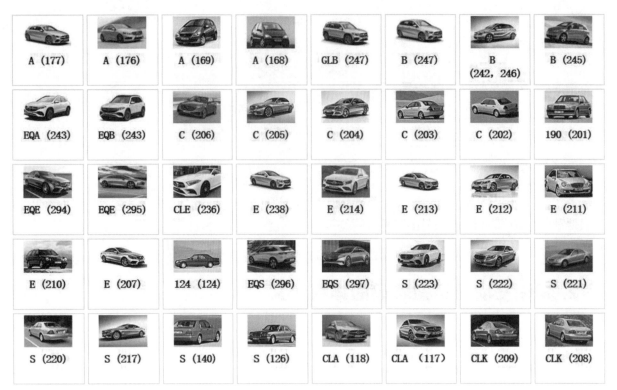

图1-1　车型/车系1

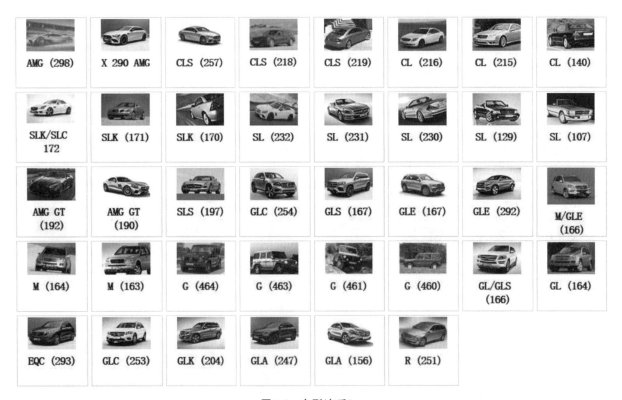

图1-2　车型/车系2

4. 奔驰诊断电脑（Star Diagnosis）介绍

　　奔驰诊断电脑（Star Diagnosis）是奔驰汽车维修工作时的专用诊断设备,适用于所有的奔驰乘用车、客车、货车和卡车。它是一款现代汽车技术诊断工具,能够快速读取故障代码,做故障引导、部件检测,能有效地提高诊断维修效率,还可以对控制单元进行编程和修改参数,帮助技师提供有效的诊断指导,大大缩短维修时间。

　　奔驰诊断电脑从 1997 年的第一代产品,到现在投放到市场上的最新产品,诊断设备的硬件一直在更新变化,如图 1-3 所示。当然随着硬件的变化,它的相关软件和诊断系统随着时代的发展也在更新变化,从早期的诊断系统 DAS 再到现在使用的 Xentry Diagnosis,一直在更新,一直在优化。

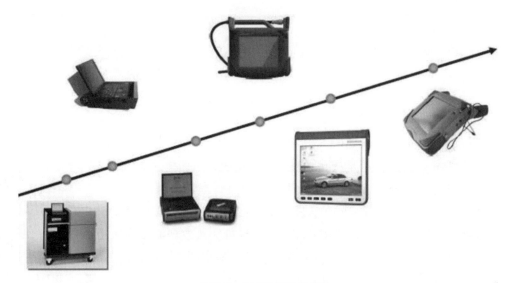

图1-3　早期诊断设备发展

　　奔驰诊断电脑不但有车辆诊断软件,而且还有很多的维修资料软件,例如,维修资料查询软件 WIS、配件查询软件 EPC、维修工时查询软件 ASRA 等。这些软件在后面的部分都会一一为大家讲解和分享。奔驰诊断电脑（Star Diagnosis）,功能越来越强大,维修技师需要学会运用诊断系统,再结合强大的维修资料系统,这样在工作时就可以做到游刃有余了。在后面的部分将会详细地介绍这些软件的使用方法和高效的使用技巧,并发掘出更多便捷功能,这样可以缩短维修诊断时间,提高维修诊断故障的效率。只要不断地勤加练习,一定能够熟练掌握使用奔驰诊断电脑的技巧。

　　目前使用的奔驰诊断电脑主要由 4 部分构成,分别是:电脑主体、诊断包、OBD Ⅱ线束和数据线,如图 1-4 所示。

　　电脑主体:电脑安装了奔驰使用的所有软件,也就是我们平时使用的电脑操作系统再加上奔驰的专业软件。诊断电脑的外观或

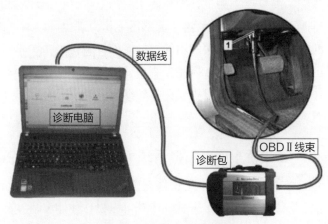

图1-4　奔驰诊断电脑组成

者型号不限，只要保证能够流畅地正常运行奔驰相关的所有软件即可。

诊断包：它是数据传输转换的窗口，也就是俗称的加密包。还有技师经常探讨所说的，诊断电脑的第 4 代、第 6 代，其实就是这个诊断包不一样。选择应该第几代的诊断包，要根据自身实际情况的需求，够用就可以了，没有必要出了新一代的就购买最新一代的诊断包。

OBD II 线束：它是诊断包和车辆之间的一根传输线束，它遵循全球统一的标准，16 针制。在车上测量时诊断插头固定的针脚布置（仅供参考）是：16 号针脚是 12V 供电线；4 号和 5 号针脚是搭铁线；6 号针脚是诊断通信线 CAN D H；14 号针脚是诊断通信 CAN D L；其他针脚根据车型不同或者品牌不同，另作他用。要想了解详细的针脚布置说明，需要调出相应车型的诊断插头电路图。关于诊断插头电路图的调出查询方法，在后面的部分会详细地说明。

5. 奔驰常用软件简介

打开奔驰诊断电脑后，虽然会看到桌面上有很多的软件图标，但是维修诊断奔驰汽车时，经常用的软件并不是很多。下面来简单介绍一下一些常用的奔驰软件，让大家先有个大体的初步认识。

5.1 维修资料查询软件WIS

WIS 是 Workshop Information System（维修间资料系统）的缩写，奔驰维修资料查询软件 WIS 主要作用是查找维修资料使用的，图标样式如图 1-5 所示。奔驰维修资料查询软件 WIS 可以查找的资料有，车辆部件的拆装详细步骤（例如拆装仪表台的详细步骤）、发动机大修时正时方法、车辆保养复位方法、螺丝拧紧顺序和扭矩、工作液加注量、标准测量数据值（例如气缸压力、水道密封打压压力）、控制单元电路图、功能原理图、网络拓扑图、传感器和执行器工作原理、保险丝继电器的说明文件等，非常详细。

图1-5　WIS图标

5.2 轿车诊断系统（XENTRY Diagnosis Cars）

奔驰诊断软件 XENTRY 里有详细的诊断排除故障的步骤，帮助分析排除故障，图标样式如图 1-6 所示。这个软件的数据流界面上，基本都有标准数据范围，一目了然；故障代码可以做故障引导，根据故障代码一步一步告知测量步骤、测量点、测量针脚和使用的测量工具；部件检测还会教如何具体测量和排除部件，即使不了解这个传感器工作原理也可以通过诊断软件进行引导排除；匹配学习功能也是很实用的，换完部件直接点击"学习并完成"，诊断软件自己就会学习部件了；换完控制单元试运行步骤，编程和设码只需要跟着步骤操作就可以了；还可以查找保险丝继电器说明、控制单元安装位置、部件安装位置、控制单元电路图、控制单元针脚说明等很实用的功能。

图1-6　诊断系统图标

5.3 轿车诊断模拟系统（XENTRY Diagnosis Cars Sim）

如图 1-7 所示，此软件是奔驰诊断软件 XENTRY 的模拟版本，简单地说，就是不需要连接奔驰汽车就可以操作使用，供技师平时练习奔驰诊断软件 XENTRY 而使用的软件。它的功能和奔驰诊断软件 XENTRY 几乎是完全一样

图1-7　诊断模拟系统图标

的。也能读故障代码，做故障码引导，查找保险丝继电器位置和说明、控制单元安装位置、部件安装位置、控制单元电路图、控制单元针脚说明，模拟匹配学习等，这里就不再赘述了。

5.4 诊断停止软件（Diagnosis Stop）

如图 1-8 所示，此软件是用来在紧急或者特殊情况下关闭奔驰诊断软件 XENTRY 的。例如在操作奔驰诊断软件 XENTRY 时，因为程序问题或者电脑硬件问题或者其他问题，导致 XENTRY 界面卡住了，在无法进行下一步的操作时，就可以双击这个图标，来进行强制退出操作。用法很简单，直接双击这个图标就可以了。不管是奔驰诊断软件 XENTRY 还是奔驰诊断软件 XENTRY 的模拟版本，双击这个图标后，都是可以使它们强制退出的。

图1-8 诊断停止软件图标

5.5 奔驰配件查询软件EPC

奔驰配件查询软件 EPC 在车间应用也是比较广泛的，图标样式如图 1-9 所示。通过奔驰配件查询软件 EPC 可以详细地查询到车上配件的配件号码，这样我们在根据配件号码进行订购配件时就不会出现问题，避免出现订错配件的情况发生，提高了维修车辆的效率；通过这个软件还可以实现查找部件安装位置，例如技师在大拆了一辆奔驰车辆，一个月后再去恢复车辆部件时，多少会有一些小的支架或者小的配件不好找到安装位置，此时就可以应用奔驰配件查询软件 EPC，快速地找到此部件的大体安装位置。

图1-9 配件查询软件图标

5.6 奔驰维修工时查询软件ASRA

奔驰汽车维修更换配件时都是有标准的维修工时费的，那么工时费是怎么算出来的，又是怎么做到全国的价格都统一的呢？这要得益于奔驰维修工时查询软件 ASRA，图标样式如图 1-10 所示。这个软件的图标和奔驰维修资料查询软件 WIS 是集成到一个图标里的。通过这个软件可以查询拆装车辆上配件的标准工时，也就是标准的维修时间。例如查询到一辆奔驰汽车，更换一对后轮制动片是 0.8h，那么换算一下就是 48min 可以完成这个工作。这就是奔驰的标准，假如技师不能在此规定的时间内完成维修工作，那么这位技师就要提高自己的业务水平，反之，说明这位技师维修效率高。然后通过查询到的这个维修工作的工时，再乘以奔驰内定的一个固定系数，计算出收取客户的工时费用，这个费用就是我们经常所说的工时费。

图1-10 维修工时查询软件图标

第二部分　奔驰维修资料查询软件WIS篇

1. 奔驰维修资料查询软件WIS基础知识介绍

视频二维码

1.1　奔驰维修资料查询软件WIS介绍和软件打开步骤

　　WIS 是维修间资料系统（WorkshopInformationSystem）的缩写，奔驰维修资料查询软件 WIS 拥有维修车辆时需要查找的维修信息，随着 WIS 的不断发展，提供的功能将越来越丰富。WIS 应用程序采用模块化设计，使用起来非常灵活方便。奔驰维修资料查询软件 WIS 包含1985 年以来的所有奔驰车辆维修资料，可提供与车辆保养、修理、诊断或测试有关的全部所需信息。此外，根据访问权限，还可以访问不同车辆和类型的信息，如轿车系列、越野车系列、卡车系列、SMART 系列等。

图2-1　WIS图标

　　下面来看一下如何打开奔驰维修资料查询软件 WIS。首先在我们的诊断电脑桌面上找到红色的汽车按钮图标，然后双击这个图标就可以打开了，图标形式如图 2-1 所示。

　　双击 WIS 图标之后，窗口就变成了如图 2-2 所示的界面了，在这个界面上输入用户 "admin" 和口令 "12345" 就可以了。

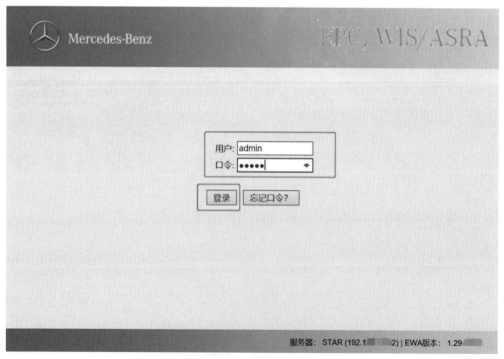

图2-2　登录窗口

接着点击"登录"按钮，界面就会切换成如图 2-3 所示的样子了。在此界面单击中间的 WIS 图标就可以了。

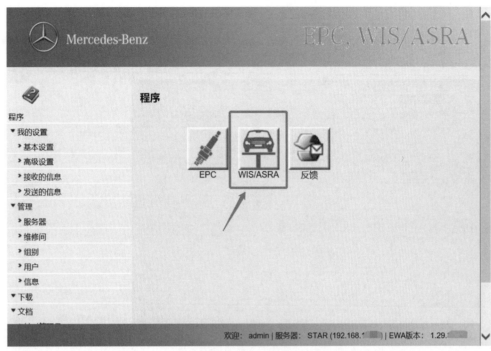

图2-3　选择WIS程序

在图 2-3 中点击 WIS 图标后，有的电脑会弹出安全警告，如图 2-4 所示。然后在"我接受风险并希望运行此应用程序"的前面框中点一下并选中，接着点击"运行"按钮，等待进入 WIS 操作界面。

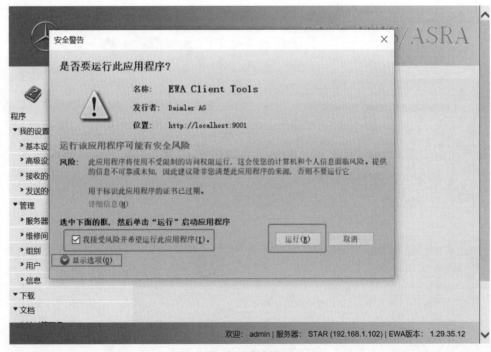

图2-4　安全提示

注意：①可能因为电脑的配置不同，造成进入软件的时间不一样。大家需要耐心等待，直到进入 WIS 系统。②如果等了很久还是打不开，请关闭电脑的无线网络，然后按照上面的步骤再打开 WIS 就可以了。打开后的 WIS 界面如图 2-5 所示。

图2-5　WIS界面

1.2　奔驰维修资料查询软件WIS用户界面介绍

从图 2-6 中的 WIS 窗口布局来看，WIS 的用户界面采用了模块化设计，可以提供灵活的软件操作和切换控制。用户界面分成不同的区域，排列清晰明了。

图2-6　窗口布局

A：车辆识别系统。车辆识别系统中心构成查找文件、损坏代码、保养范围和工时单位的基础，它对所有模块均有效。输入车辆识别号后，在车辆识别系统中心确定车辆数据，这是进行所有其他操作步骤的基础。

B：软件切换模块栏。可选模块在模块栏中显示。可通过点击图标在模块之间方便地切换，也就是各个模块之间相互转换。在 WIS 模块中，可以查找维修间资料系统；在 SSL 模块中，可以确定或查找用于处理保修或善意保修的损坏代码，是厂家保修所用的软件，修理厂不适用；在 MSS 模块中，可以确定所有车型的保养范围。对于装备 ASSYST 的车辆，可创建特定修理的保养单，中国市场不适用；可以使用 ASRA 模块查找维修标准工时。

C：标准功能。功能图标按钮区域如表 2-1所示，其操作或功能适用于 B 区域的所有模块。

表2-1

图标	按钮功能
	车辆数据卡
	打印
	删除车辆数据
	显示型号名称
	当前查找范围
	显示帮助
	系统消息
	创建反馈信息

"车辆数据卡"图标：点击该图标打开"数据卡"窗口。如果 EPC 可用且在车辆身份识别中输入了有效的车辆识别号，数据卡可以调用。如果仅输入了一个型号名称或者无效的车辆识别号，则通过该图标表明不存在数据卡。

"打印"图标：存在可打印的内容。图标总是在显示的模块中存在可打印的内容时才能被激活。可以打印下列内容：WIS 和 MSS 模块的文档；ASRA 模块的 ASRA 画面、工位清单；SSL 模块的损坏代码。

"删除车辆数据"图标：此图标删除所有车辆数据。由此复位所有的模块，应用程序恢复到中性的启动状态。

"显示型号名称"图标：它会打开"WIS 型号"窗口或"ASRA 型号名称"窗口。在"WIS 型号"窗口中，能够根据底盘/机组型号名称测定维修间信息系统（WIS）、特种车辆多功能控制模组单元（MSS）和损坏代码（SSL）记录的可安装性。在"ASRA 型号名称"窗口中，能够根据型号、发动机和车辆类型测定 ASRA 记录的型号名称数据。"WIS 型号"窗口和"ASRA 型号名称"窗口的操作方法在原则上是一致的。接下来根据"WIS 型号"窗口对操作进行说明。

"当前查找范围"图标：通过"当前查找范围"图标可以打开带有当前设置一览的单独窗口。"WIS 当前查找范围"窗口包括：车辆数据（车辆类型、销售型号、机组、车辆识别号、发动机编号）、信息类型、组别和可能的分组、文件编号和文件标题，如果显示了文件，则选择查找模式、软件版本、数据状态。

"显示帮助"图标：点击图标调出在线帮助。在线帮助为每个步骤或窗口提供详细的解释。在线帮助在任何情况下为用户提供支持，借助具体步骤说明提供从登录到文件显示的引导。有经验的用户从在线帮助中可以获得各个功能的详细信息或者背景信息。

"系统消息"图标：可以在 WIS/ASRA 中显示当前的系统消息。通过图标显示，可查看是否存在系统消息。点击图标，显示含系统消息的窗口。系统消息包括例如与 WIS/ASRA 服务器的运行状态相关的重要技术信息。

"创建反馈信息"图标：调用一个单独的"奔驰反馈信息"窗口。此用户可以直接从 WIS、ASRA、SSL 或 MSS 模块中创建不同问题（例如错误的拧紧扭矩、错误的工时单位等）的反馈信息并发送到主管的部门。

D：控制栏：以逻辑步骤说明如何有效地使用系统。

E：操作区域：在模块区域中，根据 B 区域所选的模块，显示相应的控制操作按钮。

1.3 通过奔驰维修资料查询软件WIS确定车辆数据

在车辆识别系统区域确定车辆数据，是进行其他所有操作步骤的基础。车辆数据越具体，查找的结果越准确。也就是说在查找资料时，要尽量把车辆识别号全部输入，这样找到的资料就是针对这个车辆的文献。

具体的操作步骤，以输入车辆识别号"LE42121361L264476"为例进行展示，如图 2-7 所示。

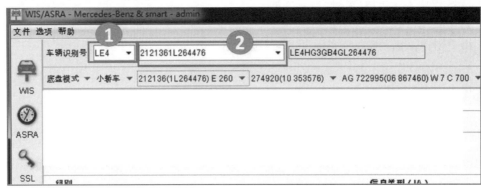

图2-7 输入车辆识别号

（1）使用下拉菜单，选择对应中国的生产厂家国际代码 LE4。

（2）在输入栏中输入车辆识别号"2121361L264476"，按回车键确认。车辆数据现已确定。注意：也可以在此栏中直接输入 17 位车辆识别号，例如直接输入"LE42121361L264476"，然后按回车键确认就可以了。

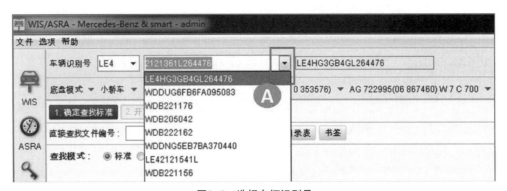

图2-8 选择车辆识别号

如果以前输入过该车辆识别号，那么只需在如图 2-8 所示的 A 处，点击下拉菜单打开历史记录。这里可以查到最近在 WIS、ASRA 和 EPC 中输入过的车辆数据列表，然后点击需要的车辆识别号即可。

1.4 通过奔驰维修资料查询软件WIS查询维修资料的详细步骤

介绍了很多知识点，那么到底怎样查询维修资料呢？以查找"拆卸和安装车辆后轴

视频二维码

总成"的文件资料进行举例说明，如图 2-9 所示。

（1）按照前面内容所述，输入 17 位车辆识别号，确定车辆数据。

（2）点击模块栏中的 WIS 图标，显示 WIS 模块，同时确定查找标准并激活步骤。

（3）在 "查找模式" 菜单中，选择 "标准" 模式。接着，需要定义 "组别" 和 "信息类型"。上面的步骤操作结束后，就变成如图 2-10 所示的界面了。

（4）使用滚动条选中组别 "35"。点击 "+" 图标，将会显示次级组别。此时，可选单个次级

图2-9　操作步骤1

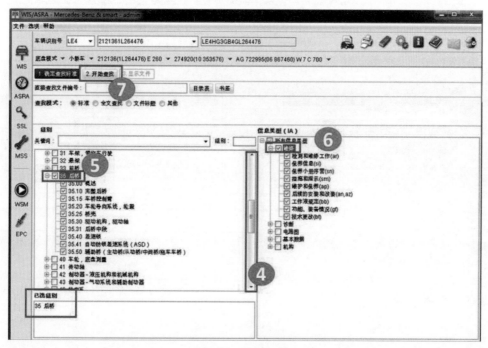

图2-10　操作步骤2

组别或整个组别。

（5）在本示例中，使用选项按钮打勾选择整个组别"35"，整个组别在"已选组别"列表中显示。

（6）使用选项按钮选择"信息类型"中的"维修"，控制栏中的"2.开始查找"按钮显示被激活。随后开始查找所需的所有查找条件。

（7）点击控制栏中的"2.开始查找"按钮，开始标准查找。

然后说变成如图2-11所示的界面了，A区域同时显示关于查找状态的信息。如果文件查找成功，将会立即显示找到文件的选中结果列表，文件列表形式如图2-12所示。

（8）在图2-12中双击选中结果列表中的文件标题"拆卸/安装后轴总成"。由于该文件包含一个安全信息项目，因而先显示"安全信息"窗口，如图2-13所示。

（9）点击"显示"按钮，将出现安全信息文件。如果尚未读取过这条安全信息，则一定要显示

图2-11　查找状态

图2-12　文件列表

该文件并认真阅读，避免出现人员或车辆损害。如果之前已经阅读过此安全信息，在图 2-13 中直接点击"文件已阅读"即可。

（10）阅读安全信息文件，如图 2-14 所示。

（11）阅读安全信息后，在图 2-14 中点击 "显示文件" 按钮，打开要找的主文件。然后界面将会显示 "拆卸 / 安装后轴总成" 主文件，如图 2-15 所示。

图2-13　安全信息提示

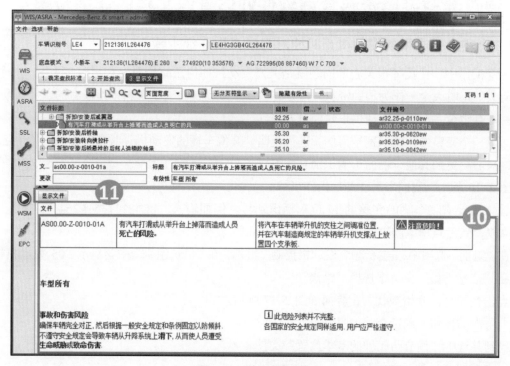

图2-14　详细安全信息

图2-15　主文件

（12）在主文件中，红色按钮表示有与该文件相关的安全信息。可随时点击"显示安全信息"按钮显示安全信息。如果主文件含有多条安全信息，则会出现"显示下一危险提示"按钮，而不是"显示文件"按钮。所有安全信息文件逐一显示之后主文件才会再次出现。

2. 通过奔驰维修资料查询软件WIS查询文档的详细步骤

2.1　奔驰全系车型的发动机正时校对方法查询详细步骤

在维修工作中，让技师很关心的问题就是大修发动机如何正时校对。在早些年大家经常会购买"正时大全"作为辅助资料，但是有些新款发动机在这些资料中是没有的，那么今天和大家分享一下奔驰全系车型的发动机正时校对方法。

下面以一个完整的车辆识别号为例，进行说明。其他车辆的发动机正时校对方法查找（路径）完全一致，只需要更换其他车辆的车辆识别号就可以了。

如图 2-16 所示，我们来看详细的操作步骤：

A. 输入需要查询车辆的完整的 17 位车辆识别号（例如输入"LE42121361L264476"）。FIN 或 VIN 都可以，然后点击电脑键盘上的回车键。

B. 在"组别"选项中，选择"05 发动机控制"组别。在"已选组别"中会显示"05 发动机控制"。

C. 在"信息类型"窗口中选择"维修"。

D. 点击按钮"2. 开始查找"，界面如图 2-17 所示。

E. 上下滑动按钮，确定查找信息条目。

F. 找到并选中"调节凸轮轴的基本位置"文件。

G. 点击按钮"3. 显示文件"。

图2-16　选择组别

图2-17　选择文档

H.此文件就是需要找的发动机正时校对方法的文件"调节凸轮轴的基本位置"。

L.点击按钮，独立窗口显示详细文件，如图 2-18 所示。

图2-18 正时文档

发动机正时校对方法文档展示，如图 2-19、图 2-20 所示。

AR05.20-P-6020MRS	调节凸轮轴的基本位置	10.2.15

发动机 **274** 属于型号**212, 218**

01a 压紧工具
01b 压紧工具
02a 支架
02b 支架
03 轴承托架
04 螺钉/螺栓

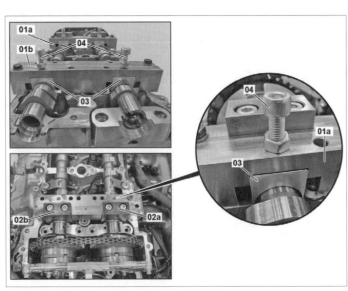

P05.10-2472-06

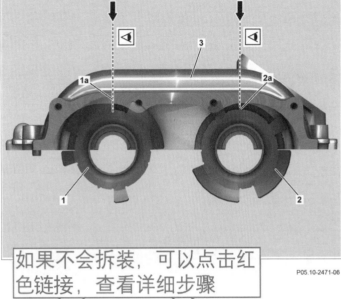

1   扇形盘
1a 边缘
2   扇形盘
2a 轴承狭槽
3   气缸盖罩

如果不会拆装，可以点击红色链接，查看详细步骤

P05.10-2471-06

	拆卸		
1	拆下右侧气缸盖罩 (3)		AR01.20-P-5014MRS
	调节		
2	拆下凸轮轴调节器		AR05.20-P-7201MRS
3	通过曲轴中央螺栓沿发动机转动方向转动发动机，直到达到 1 号气缸的点火上止点 (TDC)	ⓘ 皮带轮/减震器上的上止点 (TDC) 标记必须与正时箱盖罩上的定位缘对齐 🔧 套筒扳手头	*001589650900

图2-19 文档1

4	将凸轮轴转至基本位置	ⓘ 如果在排气凸轮轴上，扇形盘 (1) 的部分扇形边缘 (1a) 和扇形盘 (2) 上的轴承狭槽 (2a) 垂直向上，则凸轮轴处于基本位置	
5	安装压紧工具 (01a, 01b)	ⓘ 拧入螺钉/螺栓 (04)，直至轴承座 (03) 平放在气缸盖上 🔧 固定装置	*270589016100
6	检查凸轮轴的基本位置	ⓘ 如果在排气凸轮轴上，扇形盘 (1) 的部分扇形边缘 (1a) 和扇形盘 (2) 上的轴承狭槽 (2a) 垂直向上，则凸轮轴处于基本位置	
7	安装支架 (02a, 02b)	ⓘ 固定装置 🔧 不适用于将排气凸轮轴或进气凸轮轴固定就位，这会导致支架 (02a, 02b) 发生损坏并且还可能导致正时不正确 ⓘ 只能使用套筒 🔧 或将螺钉/螺栓 (N 0000 00005561) 与盘 (A604990 0040) 配套使用转动排气凸轮轴和进气凸轮轴，否则会损坏排气凸轮轴和进气凸轮轴 ⓘ 为了将支架 (02a, 02e) 安装到压紧工具 (01a) 上，要使用套筒 🔧 或将螺钉/螺栓 (N 0 00000005561) 与盘 (A604990 0040) 配套使用转动排气凸轮轴和进气凸轮轴 (如有必要) 🔧 固定装置 🔧 套筒	*270589016100 *270589010700
8	安装凸轮轴调节器，然后用手拧紧控制阀	ⓘ 安装链条张紧器后先将控制阀完全拧紧 ⓘ 在安装凸轮轴调节器或正时链时，确保曲轴不会转动	AR05.20-P-7201MRS

☒	安装		
9	安装链条张紧器		AR05.10-P-7800MRS
10	将控制阀拧紧至最终扭矩		AR05.20-P-7201MRS
11	将支架 (02a, 02b) 从压紧工具 (01a) 上分开	ℹ️ 压紧工具 (01a, 01b) 安装在气缸盖上	
12	松开压紧工具 (01a, 01b) 处的螺钉/螺栓 (04), 直至可以转动凸轮轴	ℹ️ 压紧工具 (01a, 01b) 安装在气缸盖上	
◁	检验		
13	通过曲轴中央螺栓沿发动机转动方向转动发动机两圈, 直到 1 号气缸到达点火上止点 (TDC)	ℹ️ 皮带轮/减震器上的上止点 (TDC) 标记必须与正时箱盖罩上的定位缘对齐	
14	用手将螺钉/螺栓 (04) 拧紧到压紧工具 (01a, 01b) 上	ℹ️ 拧入螺钉/螺栓 (04), 直至轴承座 (03) 平放在气缸盖上	
15	检查凸轮轴基本位置; 为此, 将支架 (02a, 02b) 安装到压紧工具 (01a) 上	ⓘ 必须在未插入工具的情况下, 用手将支架 (02a, 02b) 安装到凸轮轴的六角部分上, 直至支架 (02a, 02b) 平放在压紧工具 (01a) 上否则会损坏支架 (02a, 02b), 从而导致正时设置不正确 ℹ️ 如果不能安装支架 (02a, 02b), 则必须从操作步骤 2 开始重复工作流程	
16	拆下支架 (02a, 02b) 和压紧工具 (01a, 01b)		
17	安装气缸盖罩 (3)		AR01.20-P-5014MRS

001 589 65 09 00
套筒扳手头

270 589 01 61 00
固定装置

270 589 01 07 00
套筒

图2-20 文档2

2.2 奔驰全系车型的保养复位查询详细步骤

技师更换完机油和机油滤清器后, 需要对奔驰车辆进行保养, 提醒报警灯进行复位工作。奔驰车型很多, 复位方法也有很多种, 现在和大家分享一下, 奔驰全系车型"保养复位"文档的查询步骤。

下面以一个完整的车辆识别号为例进行说明。其他车辆的保养复位的查找方法(或路径)完全一致。只需要更换其他车辆完整的车辆识别号就可以了。

A. 如图 2-21 所示, 输入需要查询车辆的完整车辆识别号(例如输入 LE42121361L264476)。FIN 或 VIN 都可以, 然后点击电脑键盘上的回车键。

B. 在"组别"选项中, 选择 "00 整车"。在"已选组别"中会显示"00 整车"。

C. 在"信息类型"中选择"诊断"。

D. 点击 "2. 开始查找"。

E. 如图 2-22 所示, 通过点击上下滑动按钮进行拖拽。

F. 找到并选中"复位保养指示器"选项。

G. 点击 "3. 显示文件"或双击选中的"复位保养指示器"选项。

H. 此文件就是需要找的奔驰车辆"复位保养指示器"的文件。

视频二维码

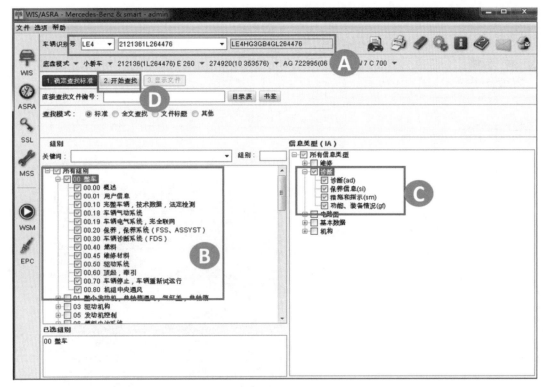

图2-21　选择组别

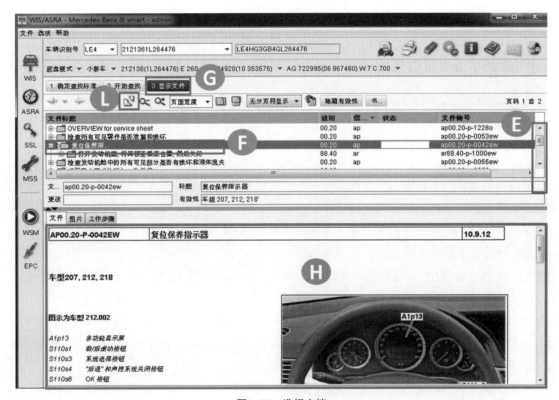

图2-22　选择文档

图2-23　复位保养指示器文档

L. 点击按钮，独立窗口显示详细文件，如图 2-23 所示。

2.3　奔驰全系车型的机油加注量和更换机油、机油滤清器查询详细步骤

视频二维码

维修工作中经常需要更换机油、机油滤清器，不同型号的发动机机油滤清器安装位置、抽油、放油、机油加注量、螺丝拧紧力矩、测量油位方式等都是有些区别的。这些问题在奔驰 WIS 文档中都有详细的说明，这些说明文档就是厂家维修标准工艺。我们通过查看相关文档很快就能掌握。

下面以一个完整的车辆识别号为例进行说明。其他车辆的查找方法（或路径）完全一致。只需要更换其他车辆完整的车辆识别号就可以了。

A. 输入需要查询车辆的完整车辆识别号（例如输入"LE42121361L264476"）。FIN 或 VIN 都可以，然后点击电脑键盘上的回车键。

B. 在"组别"选项中，选择"18 发动机润滑，发动机油冷却"。在"已选组别"中会显示"18 发动机润滑，发动机油冷却"。

C. 在"信息类型"中选择"维修"。

D. 点击"2. 开始查找"。

E. 如图 2-25 所示，通过点击上下滑动按钮进行拖拽。

F. 找到并选中"更换发动机油和机油滤清器"选项。

G. 点击"3. 显示文件"或双击选中的"更换发动机油和机油滤清器"选项。

H. 此文件就是需要找的奔驰车辆"更换发动机油和机油滤清器"的文件。

图2-24　选择组别

图2-25　选择文档

L. 点击按钮，独立窗口显示详细文件，如图 2-26 所示。然后在文件的最下方可以找到关于本车的机油加注量 6.3L，如图 2-27 所示。

图2-26 更换发动机油和机油滤清器文档

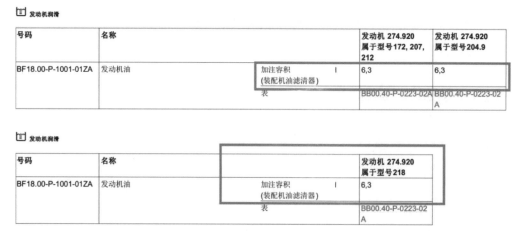

图2-27 机油加注量

2.4 奔驰全系车型空调滤清器的安装位置查询详细步骤

在维修工作中，对于不经常修奔驰车的技师，在查找奔驰空调滤清器时可能不容易找到它的安装位置，特别是奔驰商务车型。下面以一个完整的车辆识别号为例，进行说明查找方法。其他车辆的空调滤清器安装位置的查找方法（或路径）完全一致，只需要更换一个完整的车辆识别号就可以了。

A. 如图2-28所示，输入需要查询车辆的完整车辆识别号（例如输入"LE42121361L264476"）。FIN或VIN都可以，然后点击电脑键盘上的回车键。

B. 在组别选项中，选择"83 空调"。在"已选组别"中会显示"83 空调"。

C. 在"信息类型"中选择"维修"。

D. 点击 "2. 开始查找"。

E. 如图 2–29 所示，通过点击上下滑动按钮拖拽。

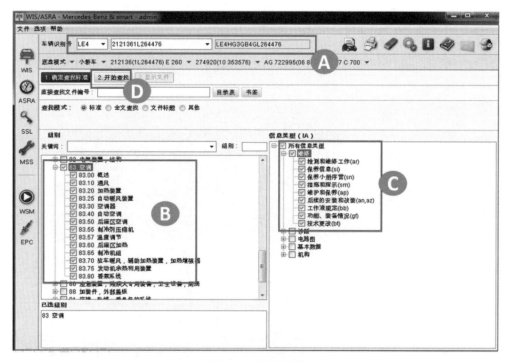

图2–28　选择组别

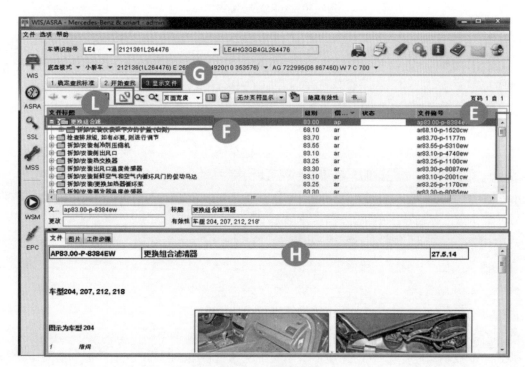

图2–29　选择文档

F. 找到并选中 "更换组合滤清器" 选项。

G. 点击 "3. 显示文件" 或双击选中的 "更换组合滤清器" 选项。

H. 此文件就是需要找的奔驰车辆 "更换组合滤清器" 的文件。

L. 点击按钮，独立窗口显示详细文件，如图 2-30 所示。从文件中可以很轻松地看到此车的空调滤清器的安装位置和拆装方法，相信奔驰全系车型的查找方法对你来说也没有问题了。

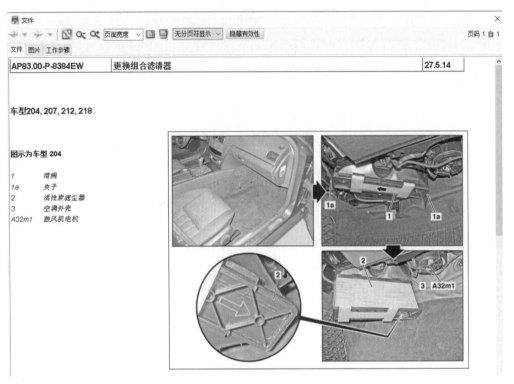

图2-30　空调滤清器拆装文档

2.5　奔驰全系车型的空调制冷剂加注量查询详细步骤

在维修空调系统时，经常需要查找制冷剂的加注量，一般在车辆的发动机舱可以找到，但是在维修稍微老些的车型时，因为客观原因却在车上找不到相关信息，这时就需要查找相关的资料。

下面以一个完整的车辆识别号为例进行说明。其他车辆的空调制冷剂加注量的查找方法（或路径）完全一致，只需要更换一个完整的车辆识别号就可以了。

A. 如图 2-31 所示，输入需要查询车辆的完整车辆识别号（例如输入"LE42121361L264476"）。FIN 或 VIN 都可以，然后点击电脑键盘上的回车键。

B. 在"组别"选项中，选择"83 空调"。在"已选组别"中会显示"83 空调"。

C. 在"信息类型"中选择"维修"。

D. 点击"2. 开始查找"。

E. 如图 2-32 所示，通过点击上下滑动按钮进行拖拽。

F. 找到并选中"排放、抽空和重新加注空调，检查功能和泄漏情况"选项。

G. 点击"3. 显示文件"或双击选中的"排放、抽空和重新加注空调，检查功能和泄漏情况"选项。

H. 此文件就是需要找的奔驰车辆"排放、抽空和重新加注空调，检查功能和泄漏情况"的文件。

L. 点击按钮，独立窗口显示详细文件，如图 2-33 所示。从文件的最下方可以看到制冷剂的加注量，如图 2-34 所示。

图2-31　选择组别

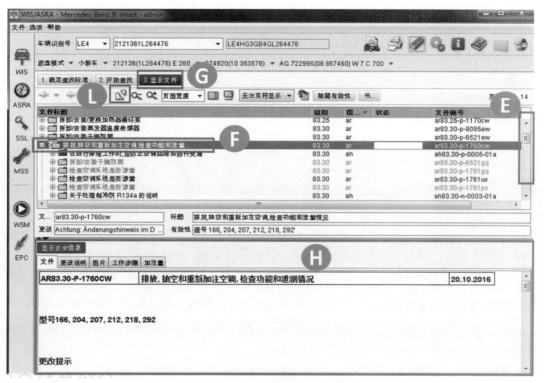

图2-32　选择文档

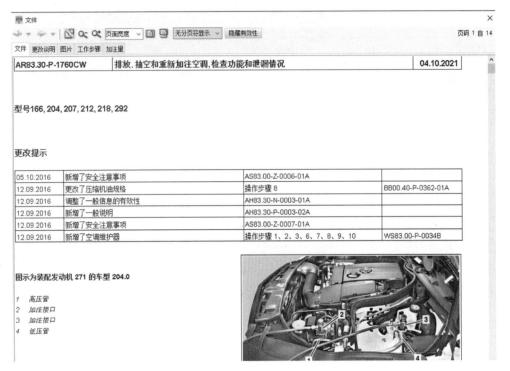

图2-33　空调制冷剂加注文档

空调/自动空调

号码	名称		型号 207	型号 212 （212.074/075/076/0 77/092/095/098/195/ 274/275/276/277/29 2/298除外）
BF83.00-P-1001-01I	空调/自动空调的加注容量	制冷剂 R134 a　　g	590	590
		参阅	BB00.40-P-0361-00A	BB00.40-P-0361-00A

空调/自动空调

号码	名称		型号 212.074/075/076/077 /092/274/275/276/27 7/292	型号 212.095/098/195/29 8
BF83.00-P-1001-01I	空调/自动空调的加注容量	制冷剂 R134 a　　g	640	690
		参阅	BB00.40-P-0361-00A	BB00.40-P-0361-00A

图2-34　制冷剂加注量

2.6　奔驰全系车型的检查发动机正时查询详细步骤

在维修工作中，有时会遇到车辆报"凸轮轴相对于曲轴正时位置不正确"的故障代码，像这样的故障问题需要维修技师首先排除发动机正时是否有问题。那么如何检查发动机正时呢？

下面以一个完整的车辆识别号为例进行说明。其他车辆的检查发动机正时的查找方法（或路径）完全一致，只需要更换一个完整的车辆识别号就可以了。

A. 如图 2-35 所示，输入需要查询车辆的完整车辆识别号（例如输入"LE42121361L264476"）。FIN 或 VIN 都可以，然后点击电脑键盘上的回车键。

B. 在"组别"选项中，选择"05 发动机控制"。在"已选组别"中会显示"05 发动机控制"。

C. 在"信息类型"中选择"维修"。

D. 点击"2. 开始查找"。

E. 如图 2-36 所示，通过点击上下滑动按钮进行拖拽。

F. 找到并选中"检查凸轮轴的基本位置"选项。

G. 点击"3. 显示文件"或双击选中的"检查凸轮轴的基本位置"选项。

H. 此文件就是需要找的奔驰车辆检查凸轮轴的基本位置的文件，也是检查发动机正时文档。

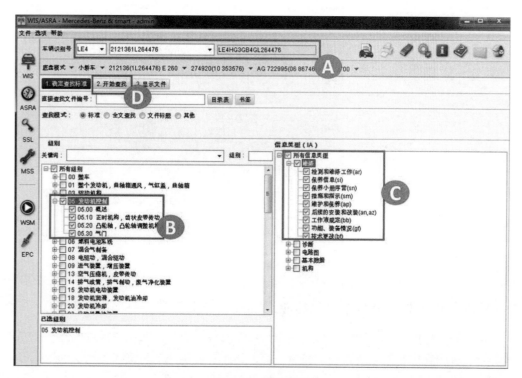

图2-35　选择组别

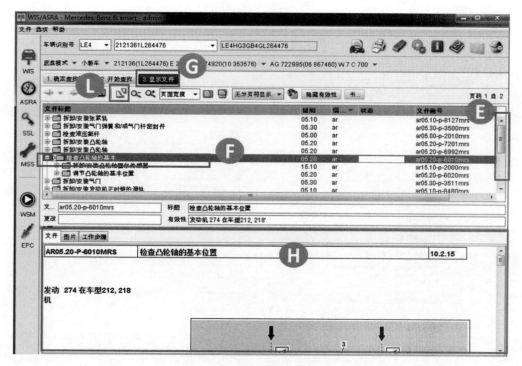

图2-36　选择文档

L. 点击按钮，独立窗口显示详细文件，如图 2-37 所示。

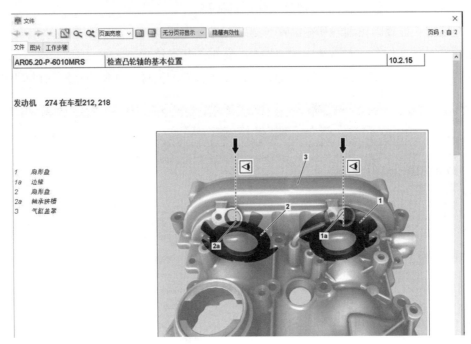

图2-37　检查发动机正时文档

2.7　奔驰全系车型的全车保险丝功能详解查询详细步骤

以一个完整的车辆识别号为例，对查找奔驰车型保险丝说明文档的步骤进行说明。其他车辆的全车保险丝功能详解的查找方法（或路径）完全一致，只需要更换一个完整的车辆识别号就可以了。

A. 如图 2-38 所示，输入需要查询车辆的完整车辆识别号（例如输入"LE42121361L264476"）。

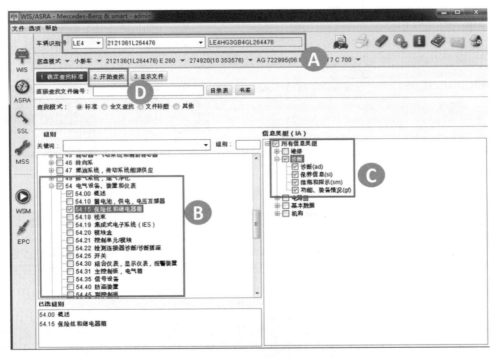

图2-38　选择组别

FIN 或 VIN 都可以，然后点击电脑键盘上的回车键。

B. 在"组别"选项中，选择"54.15 保险丝和继电器箱"。在"已选组别"中会显示"54.15 保险丝和继电器箱"。

C. 在"信息类型"中选择"诊断"。

D. 点击"2. 开始查找"。

E. 如图 2–39 所示，通过点击上下滑动按钮进行拖拽。

F. 找到并选中"保险丝和继电器盒，实际生产配置"选项。

G. 点击"3. 显示文件"或双击选中的"保险丝和继电器盒，实际生产配置"选项。

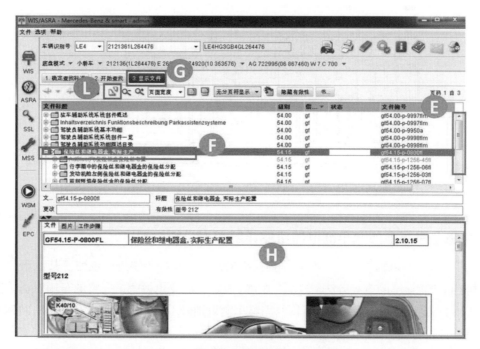

图2-39　选择文档

图2-40　筛选文档

H. 在文档的最下端有两个文档都是关于车辆全车保险丝功能详解的文件。如图 2-40 所示，双击打开即可。这两个文件就是需要找的奔驰车辆全车保险丝功能详解文档。

L. 点击按钮，独立窗口显示详细文件，如图 2-41 所示。

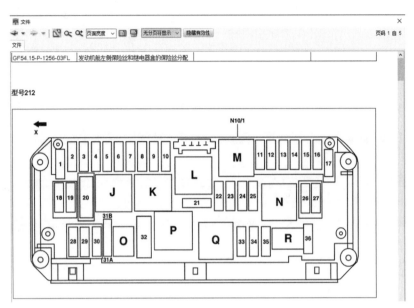

图2-41 保险丝说明文档

2.8 奔驰全系车型的全车继电器功能详解查询详细步骤

以一个完整的车辆识别号为例，对奔驰查找继电器说明文档步骤进行说明。其他车辆的全车继电器功能详解的查找方法（或路径）完全一致，只需要更换一个完整的车辆识别号就可以了。

A. 如图 2-42 所示，输入需要查询车辆的完整车辆识别号（例如输入"LE42121361L264476"）。FIN 或 VIN 都可以，然后点击电脑键盘上的回车键。

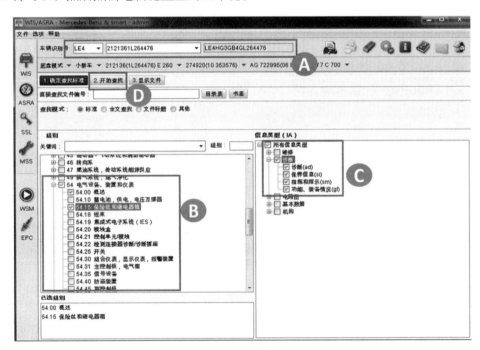

图2-42 选择组别

B. 在"组别"选项中，选择"54.15 保险丝和继电器箱"。在"已选组别"中会显示"54.15 保险丝和继电器箱"。

C. 在"信息类型"中选择"诊断"。

D. 点击"2. 开始查找"。

E. 如图 2-43 所示，通过点击上下滑动按钮拖拽。

F. 找到并选中"保险丝和继电器盒，实际生产配置"选项。

G. 点击"3. 显示文件"或双击选中的"保险丝和继电器盒，实际生产配置"选项。

图2-43　选择文档

图2-44　筛选文档

H. 在文档的最下端有两个文档都是关于车辆全车继电器功能详解的文件。如图2-44箭头所示，双击打开即可。这两个文件就是需要找的奔驰车辆全车继电器功能详解文档。

L. 点击按钮，独立窗口显示详细文件，如图2-45所示。

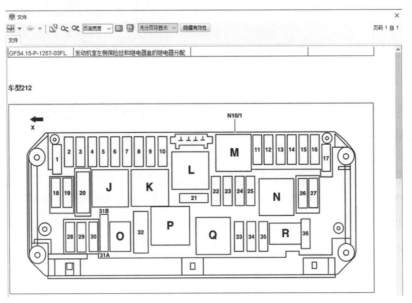

图2-45　继电器说明文档

2.9　奔驰全系车型的整车网络功能（CAN、LIN、MOST和FlexRay网络图）查询详细步骤

视频二维码

在车间诊断车辆工作中，经常需要分析车辆网络拓扑图，下面和大家分享一下查询方法。

以一个完整的车辆识别号为例，进行说明。其他车辆的整车网络（GVN）功能的查找方法（或路径）完全一致，只需要更换一个完整的车辆识别号就可以了。

A. 如图2-46所示，输入需要查询车辆的完整车辆识别号（例如输入"LE42121361L264476"）。

图2-46　选择组别

FIN 或 VIN 都可以，然后点击电脑键盘上的回车键。

　　B. 在"组别"选项中，选择"00 整车"。在"已选组别"中会显示"00 整车"。

　　C. 在"信息类型"中选择"诊断"。

　　D. 点击"2. 开始查找"。

　　E. 如图 2-47 所示，通过点击上下滑动按钮进行拖拽。

　　F. 找到并选中"总体网络（GVN）的功能说明目录"选项。

　　G. 点击"3. 显示文件"或双击选中的"总体网络（GVN）的功能说明目录"选项。

　　H. 如图 2-48 所示，此文件就是需要找的奔驰车辆总体网络（GVN）的功能说明目录的文件。然

图2-47　选择文档

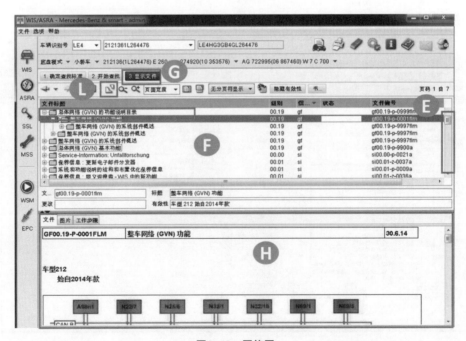

图2-48　网络图

后点击箭头所指示的"整车网络（GVN）功能"链接，这就是我们要找的整车网络图。

L. 点击按钮，独立窗口显示详细文件，如图 2-49 所示。

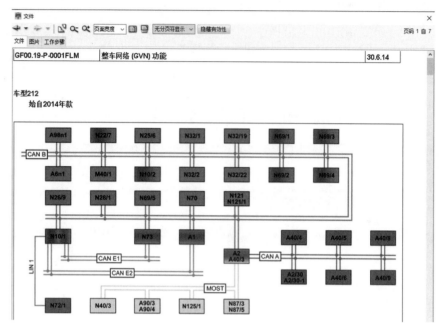

图2-49 单独窗口显示

2.10 奔驰全系车型的电路图查询详细步骤

以一个完整的车辆识别号为例，对用奔驰维修资料查询软件 WIS 查找控制单元电路图的方法进行说明。其他车辆的控制单元电路图的查找方法（或路径）完全一致，只需要更换一个完整的车辆识别号就可以了。下面以查找右后车门控制单元电路图为例进行介绍。

A. 如图 2-50 所示输入需要查询车辆的完整车辆识别号（例如输入"LE42121361L264476"）。

图2-50 选择组别

FIN 或 VIN 都可以，然后点击电脑键盘上的回车键。

B. 在"组别"选项中，选择"72 所有车门"。在已选组别中会显示"72 所有车门"。

C. 在"信息类型"中选择"电路图"。

D. 点击"2. 开始查找"。

E. 如图 2-51 所示，通过点击上下滑动按钮进行拖拽。

F. 找到并选中"右后车门控制装置（DCU）电路图"选项。

G. 点击"3. 显示文件"或双击选中的"右后车门控制装置（DCU）电路图"选项。

H. 如图 2-52 所示，此文件就是需要找的奔驰车辆右后车门控制装置电路图的文件。然后点击箭

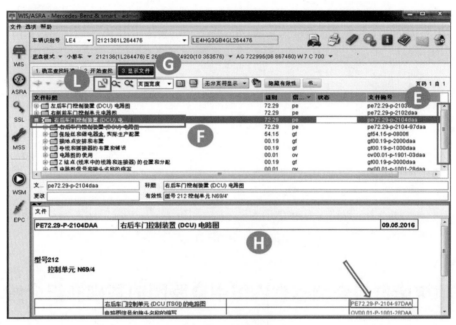

图2-51　选择文档

图2-52　右后车门控制装置电路图文档

头所指示的链接，就是我们要找的电路图。

L. 点击按钮，独立窗口显示详细文件，如图 2-53 所示。

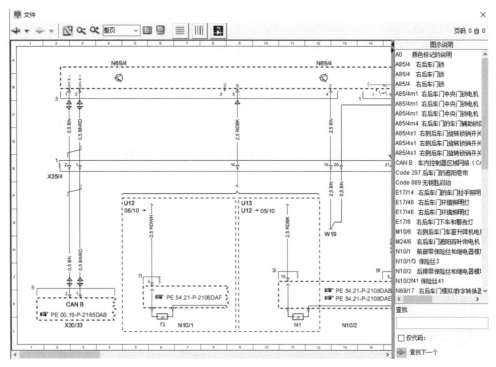

图2-53　单独窗口显示

3. 奔驰维修资料查询软件WIS中电路图的基础知识介绍

3.1　奔驰维修资料软件WIS中电路图的分类

WIS 中电路图按照用途可分为以下几种格式：网络图、功能图、线路图（图 2-54 ~ 图 2-56）。

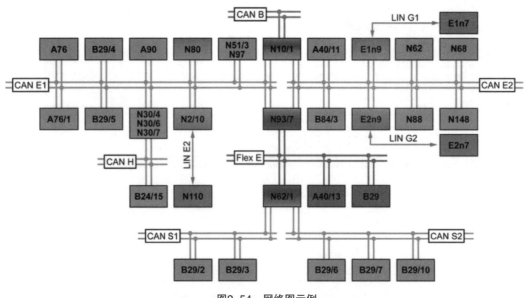

图2-54　网络图示例

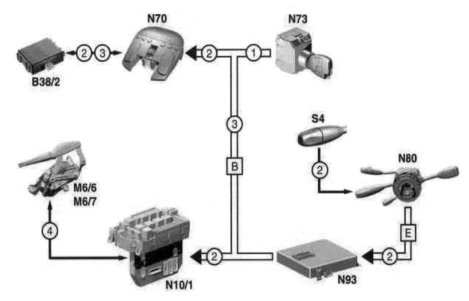

图2-55　功能图示例

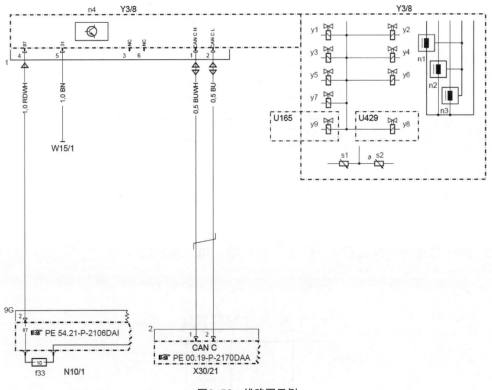

图2-56　线路图示例

3.2　奔驰维修资料查询软件WIS中电路图帮助信息

3.2.1　电路图文档编号注解（图2-57）

在每个电路图文档中均包含有电路图使用信息、电路图的缩写、电路图信号和接头名称的缩写、线路和连接器的位置和分配、接地点的位置和分配、Z节点（线束中的线路连接器）的位置和分配等帮助信息。

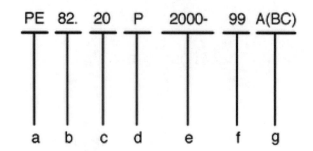

a.信息类型　b.功能组别　c.功能组别子菜单　d.生成ID
e.序列号　f.信息单元号码　g.有效的识别字母

图2-57　文档编号

3.2.2　关于线路图中保险丝字符的注解（图2-58）

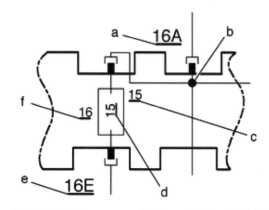

a.输出插座编号（A、B、C或D）　b.线桥　c.电路名称
d.保险丝额定电流（单位：A）　e.输入插座编号（E）　f.保险丝编号

图2-58　保险丝字符

3.2.3　关于线路图中电线颜色标识的注解（图2-59、表2-2）

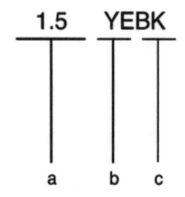

a.电线线径截面（单位：mm^2）　b.电线基础颜色　c.电线识别颜色

图2-59　线路图电线标识

表2-2　电线颜色缩写对照表

英文缩写	英文全拼	德文缩写	中文
BK	black	SW	黑色
BN	brown	BR	棕色
BU	blue	BL	蓝色
GN	green	GN	绿色
GY	gray	GR	灰色
OG	orange		橙色
PK	pink	RS	粉色
RD	red	RT	红色
TR	transparent		透明
VT	violet	VI	紫色
WH	white	WS	白色
YE	yellow	GE	黄色

3.2.4　电路图中常见英文字母代码含义

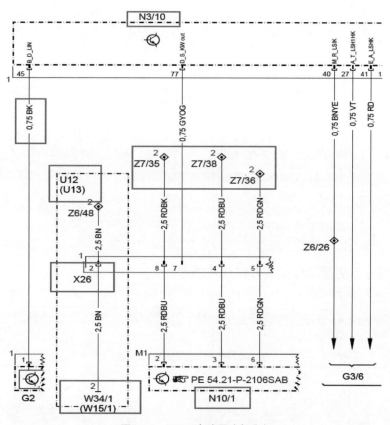

图2-60　N3/10电路图（部分）

如图 2-60 所示，图中"U"的含义为对不同款式车辆有效的一种方法，对应车辆信息代码；图中"Z"的含义为不可以拔插的线路节点（比如焊接）；图中"X"的含义为可以拔插的线路节点；图中"W"的含义为接地点，用螺栓固定在车身或蓄电池上。

关于电路图中元件名称代码的含义，在不同车型的相关线路图中，有很多部件的代码是相同的。常见控制单元电路图中元件代码和含义解释如表 2-3 所示。

表2-3　元件代码和含义解释

字母	含义	常见部件
A	控制单元或执行元件	A1仪表盘、A9空调压缩机、A9/1空气悬挂压缩机、A32鼓风机、A40/X娱乐系统组件、A2/X天线组件、A80直接选挡模块、A13电子驻车制动器
B	传感器	B4/1左侧燃油液位传感器；B4/2右侧燃油液位传感器；B4/7燃油压力传感器；B24/15偏滑率、横向和纵向加速度传感器；B37加速踏板位置传感器；B2/5空气流量传感器；B11/4冷却液温度传感器
E	灯组件	E1左前灯组、E2右前灯组
F	保险丝座、保险丝	F32前预保险丝座、F58右前保险丝座、F1/6右前仪表板保险丝座、F1/7左前仪表板保险丝座、f118保险丝
G	电源部件	G2发电机、G1主蓄电池、G1/X辅助蓄电池、G3/X氧传感器
H	声响部件	H2/X喇叭、H4/X扬声器、H3/1警报喇叭
M	电机促动元件	MK4/7电子风扇、M3燃油泵、M16/6节气门、M1启动机
N	控制单元	N93中央网关、N73电子点火开关、N2/7安全气囊控制单元、N3/10发动机控制单元、N10/1前SAM控制单元、N10/2后SAM控制单元、N47-5ESP控制单元、N49转向角度传感器、N118燃油泵控制单元、N62 PTS控制单元、N51空气悬挂控制单元、N51/2主动车身ABC系统控制单元、N69/1～4车门控制单元、N69/5无钥匙启动控制单元、N70车顶控制面板OCP、N72/1上部操作控制单元UCP、N121尾盖控制单元
R	气囊或拉紧器引爆装置、座椅加热垫	R12/13驾驶员主气囊点火管1、R12/14驾驶员主气囊点火管2、R46驾驶员安全带锁扣点火管、R46/1副驾驶员安全带扣点火管、R13/1左前座椅加热垫、R13/2右前座椅靠背加热垫
S	开关	S1车灯旋转开关、S4组合开关、S43机油液位开关、S9/1制动灯开关
T	点火线圈	T1/X第X缸点火线圈
Y	电磁阀	Y58/4活性炭罐关闭电磁阀、Y58/1燃油蒸气净化电磁阀、Y62喷油器、Y10　SPS速度感应电磁阀

3.2.5　电路图中常见信号和接头名称缩写注解

相关电路图内的接线端子和控制单元内接线针脚代码注解，可从电路图进入之前界面的"电路图信号和接头名称的缩写"栏目进入查看。常见的端子注解如表 2-4 所示。

表2-4　信号和端子缩写及说明

缩写	名称	说明
（+）	电源	车载电源正极

缩写	名称	说明
（－）	接地	车载电源负极
+5V	传感器电源（5V）	经控制单元输出的供电端
15C	电路15C	钥匙插入点火开关后的供电
15R	电路15R	钥匙转到点火开关第1挡位置
15	接头15	钥匙转到点火开关第2挡位置
50	端子50	钥匙转到点火开关第3挡位置
30	电路30	来自蓄电池正极的供电
30g	电路30g	经过静态电流切断继电器后的供电
30z	电路30z	来自蓄电池正极经相关保险丝后的供电
30c	电路30c	经高温（碰撞）保险丝后的供电电路（如S400车型）
31	接头31	接地端
49	转向信号灯	49a L左转向信号、49a R右转向信号
54	制动灯接头54	制动灯促动信号
55	雾灯	55L左侧雾灯、55R右侧雾灯
56a	远光灯	56a L左侧远光灯/红外线光束、56a R右侧远光灯/红外线光束、56a-xenon复式氙气远光灯
56b	近光灯	56b L左侧近光灯、56b R右侧近光灯
57	驻车灯信号	57 L左侧驻车灯、57 R右侧驻车灯
58	环境照明灯	58d　电路58d
61	接头61（信号输出）	发动机运行状态信号
87	电路87	经发动机87号继电器输出供电电路

3.3　奔驰电路图详细解析信息——总览图

电路图详细解析信息——总览图，如图 2-61 所示。

4. 通过奔驰维修资料查询软件WIS查询电路图文档的详细步骤

4.1　奔驰全系车型的发动机控制单元电路图查询详细步骤

视频二维码

在车间维修发动机电气部件故障的情况比较常见，下面和大家分享一下利用奔驰维修资料软件 WIS 查找发动机控制单元电路图的方法。

下面以一个完整的车辆识别号为例进行说明。其他车辆的发动机控制单元电路图的查找方法（或路径）完全一致，只需要更换一个完整的车辆识别号就可以了。

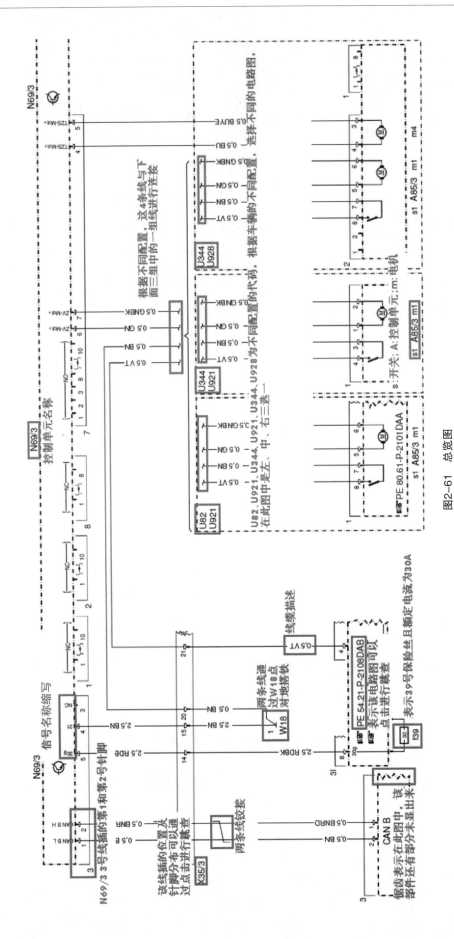

图2-61 总览图

A. 如图 2-62 所示，输入需要查询车辆的完整车辆识别号（例如输入"LE42121361L264476"）。FIN 或 VIN 都可以，然后点击电脑键盘上的回车键。

B. 在"组别"选项中，选择"07 混合气制备"。在"已选组别"中会显示"07 混合气制备"。

C. 在"信息类型"中选择"电路图"。

D. 点击"2. 开始查找"。

E. 如图 2-63 所示，通过点击上下滑动按钮进行拖拽。

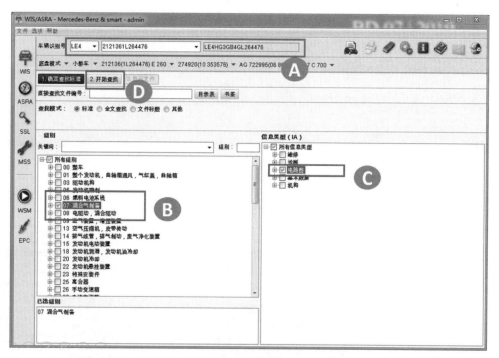

图2-62　选择组别

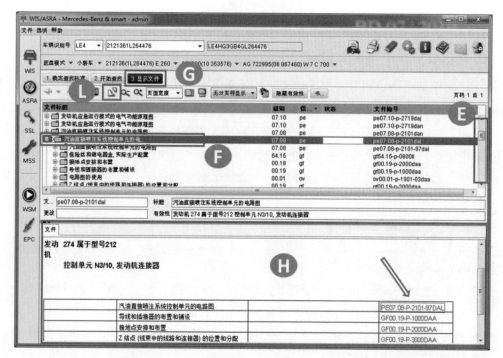

图2-63　选择文档

F. 找到并选中"汽油直接喷注系统控制单元的电路图"选项。

G. 点击"3.显示文件"或双击选中的"汽油直接喷注系统控制单元的电路图"选项。

H. 此文件就是需要找的奔驰车辆"汽油直接喷注系统控制单元的电路图"的文件。然后点击箭头所指示的链接，就是要找的电路图，如图 2-64 所示。

L. 点击按钮，独立窗口显示详细文件。

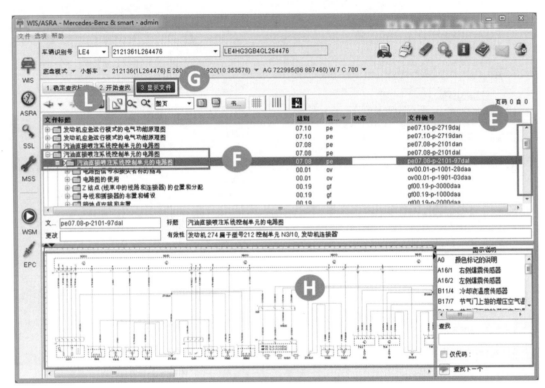

图2-64　电路图文档

4.2　奔驰全系车型中燃油泵控制单元电路图查询详细步骤

视频二维码

下面以一个完整的车辆识别号为例进行说明。其他车辆的燃油泵控制单元电路图的查找方法（或路径）完全一致，只需要更换一个完整的车辆识别号就可以了。

A. 如图 2-65 所示，输入需要查询车辆的完整车辆识别号（例如输入"LE42121361L264476"）。FIN 或 VIN 都可以，然后点击电脑键盘上的回车键。

B. 在"组别"选项中，选择"47 燃油系统、传动系统能源供应"。在"已选组别"中会显示"47 燃油系统、传动系统能源供应"。

C. 在"信息类型"中选择"电路图"。

D. 点击"2.开始查找"。

E. 如图 2-66 所示，通过点击上下滑动按钮进行拖拽。

F. 找到并选中"燃油泵控制单元的电路图"选项。

G. 点击"3.显示文件"或双击选中的"燃油泵控制单元的电路图"选项。

H. 此文件就是需要找的奔驰车辆燃油泵控制单元电路图的文件。然后点击箭头所指示的链接，就是我们要找的电路图，如图 2-67 所示。

L. 点击按钮，可以独立窗口显示详细电路图文件。

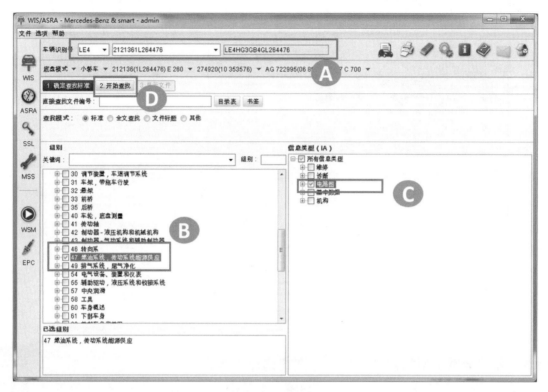

图2-65 选择组别

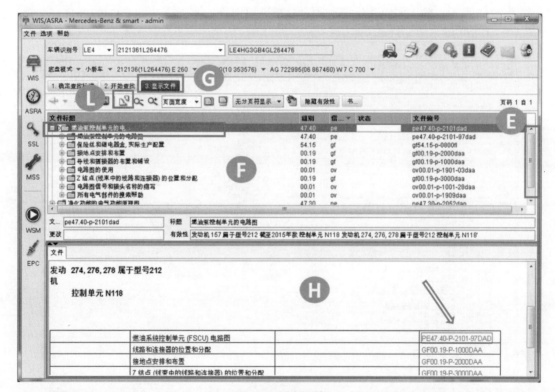

图2-66 选择文档

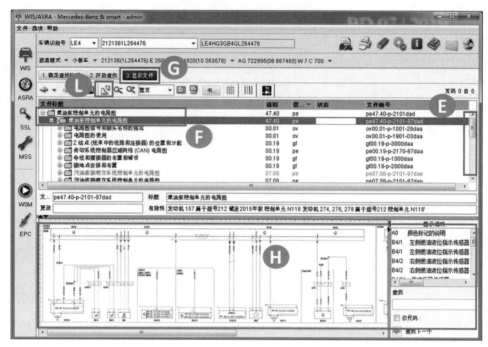

图2-67　燃油泵控制单元电路图文档

4.3　奔驰全系车型的制动系统电路图查询详细步骤

视频二维码

下面以一个完整的车辆识别号为例进行说明。其他车辆的制动系统电路图的查找方法（或路径）完全一致，只需要更换一个完整的车辆识别号就可以了。

A. 如图2-68所示，输入需要查询车辆的完整车辆识别号（例如输入"LE42121361L264476"）。

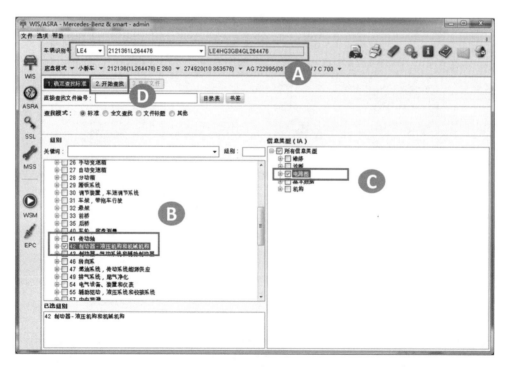

图2-68　选择组别

FIN 或 VIN 都可以，然后点击电脑键盘上的回车键。

B. 在"组别"选项中，选择"42 制动器 – 液压机构和机械机构"。在"已选组别"中会显示"42 制动器 – 液压机构和机械机构"。

C. 在"信息类型"中选择"电路图"。

D. 点击"2. 开始查找"。

E. 如图 2–69 所示，通过点击上下滑动按钮进行拖拽。

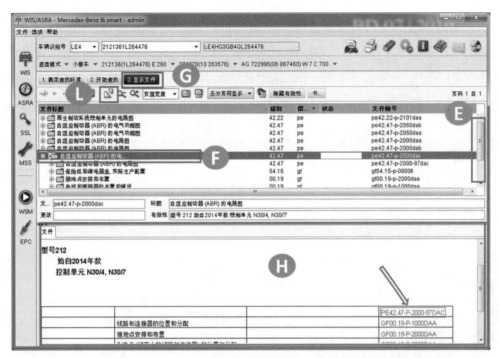

图2-69　选择文档

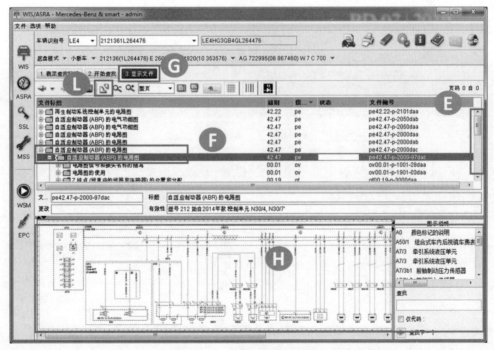

图2-70　制动系统电路图文档

F. 找到并选中"自适应制动器（ABR）的电路图"选项。

G. 点击"3. 显示文件"或双击选中的"自适应制动器（ABR）的电路图"选项。

H. 此文件就是需要找的奔驰车辆自适应制动器（ABR）的电路图的文件。然后点击箭头所指示的链接，就是要找的电路图，如图 2-70 所示。

L. 点击按钮，会独立窗口显示详细的电路图文件。

4.4 奔驰全系车型的无钥匙启动（KG）控制单元电路图查询详细步骤

下面以一个完整的车辆识别号为例进行说明。其他车辆的无钥匙启动（KG）控制单元电路图的查找方法（或路径）完全一致，只需要更换一个完整的车辆识别号就可以了。

A. 如图 2-71 所示，输入需要查询车辆的完整车辆识别号（例如输入"LE42121361L264476"）。FIN 或 VIN 都可以，然后点击电脑键盘上的回车键。

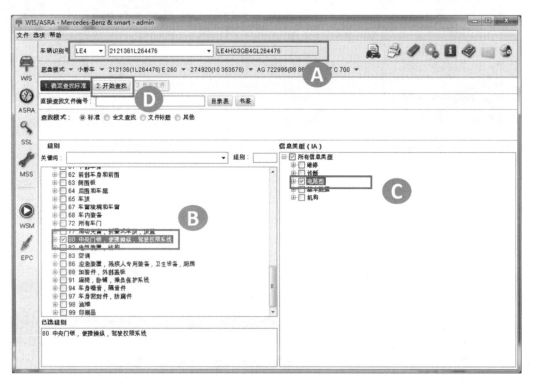

图2-71　选择组别

B. 在"组别"选项中，选择"80 中央门锁、便捷操纵、驾驶权限系统"。在"已选组别"中会显示"80 中央门锁、便捷操纵、驾驶权限系统"。

C. 在"信息类型"中选择"电路图"。

D. 点击"2. 开始查找"。

E. 如图 2-72 所示，通过点击上下滑动按钮进行拖拽。

F. 找到并选中"无钥匙启动控制单元电路图"选项。

G. 点击"3. 显示文件"或双击选中的"无钥匙启动控制单元电路图"选项。

H. 此文件就是需要找的奔驰车辆无钥匙启动控制单元电路图的文件。然后点击箭头所指示的链接，就是要找的电路图，如图 2-73 所示。

L. 点击按钮，独立窗口显示详细电路图文件。

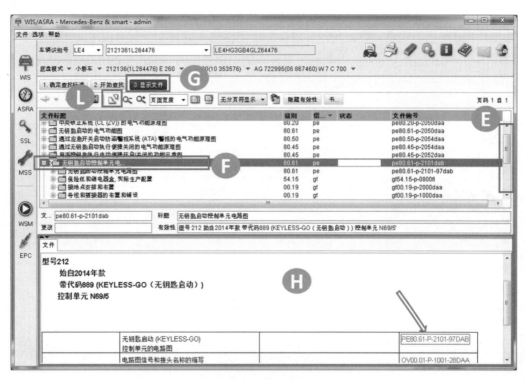

图2-72　选择文档

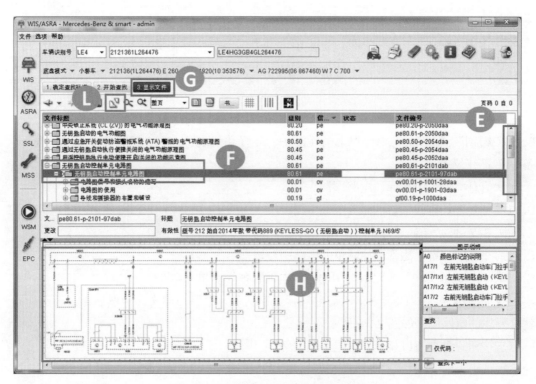

图2-73　无钥匙启动控制单元电路图文档

视频二维码

4.5　奔驰全系车型中高压电混合动力系统电路图查询详细步骤

下面以一个完整的车辆识别号为例进行说明。其他车辆的高压电混合动力系统电路图的查找方法（或路径）完全一致，只需要更换一个完整的车辆识别号就可以了。

A. 如图 2-74 所示，输入需要查询车辆的完整车辆识别号（例如输入"WDD2210951A234523"）。FIN 或 VIN 都可以，然后点击电脑键盘上的回车键。

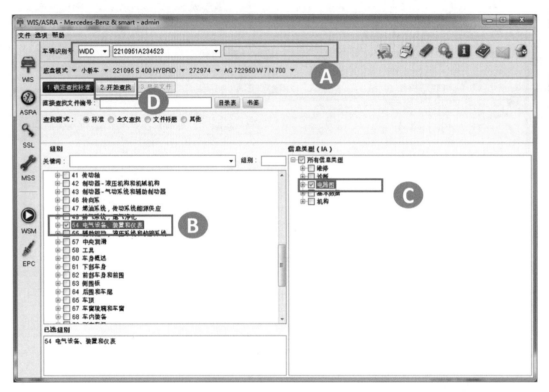

图2-74　选择组别

B. 在"组别"选项中，选择"54 电气设备、装置和仪表"。在"已选组别"中会显示"54 电气设备、装置和仪表"。

C. 在"信息类型"中选择"电路图"。

D. 点击"2. 开始查找"。

E. 如图 2-75 所示，通过点击上下滑动按钮进行拖拽。

F. 找到并选中"蓄电池管理控制单元电路图"选项。

G. 点击"3. 显示文件"或双击选中的"蓄电池管理控制单元电路图"选项。

H. 此文件就是需要找的奔驰车辆蓄电池管理控制单元电路图的文件。然后点击箭头所指示的链接，就是要找的电路图，如图 2-76 所示。

L. 点击按钮，独立窗口显示详细电路图文件。

图2-75 选择文档

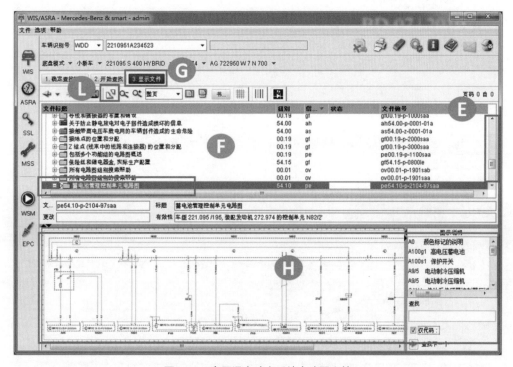

图2-76 高压混合动力系统电路图文档

4.6 奔驰全系车型中空气悬挂（或液压悬挂）系统控制单元电路图查询详细步骤

视频二维码

下面以一个完整的车辆识别号为例进行说明。其他车辆的空气悬挂（或液压悬挂）系统控制单元电路图的查找方法（或路径）完全一致，只需要更换一个完整的车辆识别号就可以了。

A. 如图 2-77 所示,输入需要查询车辆的完整车辆识别号(例如输入"WDD2210951A234523")。FIN 或 VIN 都可以,然后点击电脑键盘上的回车键。

B. 在"组别"选项中,选择"32 悬挂"。在"已选组别"中会显示"32 悬挂"。

C. 在"信息类型"中选择"电路图"。

D. 点击"2. 开始查找"。

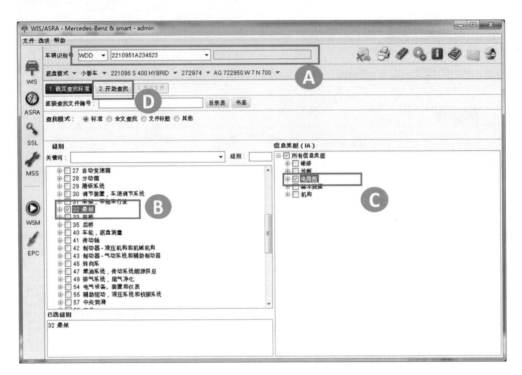

图2-77 选择组别

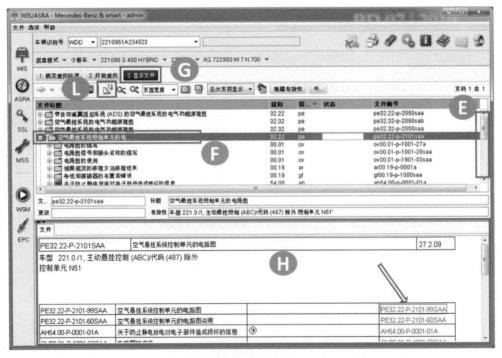

图2-78 选择文档

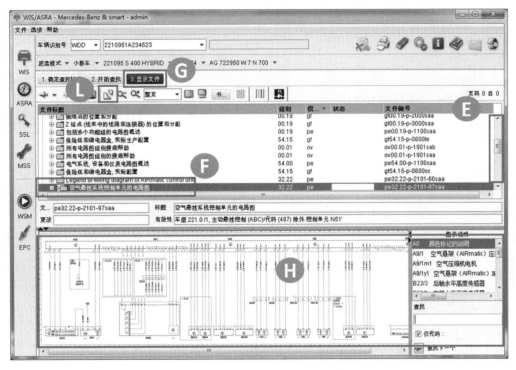

图2-79　空气悬挂系统控制单元电路图文档

E. 如图 2-78 所示，通过点击上下滑动按钮进行拖拽。

F. 找到并选中"空气悬挂系统控制单元的电路图"选项。

G. 点击"3. 显示文件"或双击选中的"空气悬挂系统控制单元的电路图"选项。

H. 此文件就是需要找的奔驰车辆空气悬挂系统控制单元的电路图文件。然后点击箭头所指示的链接，就是要找的电路图，如图 2-79 所示。

L. 点击按钮，独立窗口显示详细电路图文件。

4.7　奔驰全系车型的车外照明系统电路图查询详细步骤

视频二维码

下面以一个完整的车辆识别号为例进行说明。其他车辆的车外照明系统电路图的查找方法（或路径）完全一致，只需要更换一个完整的车辆识别号就可以了。下面以一个完整的车辆识别号查找车外照明系统电脑电路图为例进行介绍。

A. 如图 2-80 所示，输入需要查询车辆的完整车辆识别号（例如输入"LE42121361L264476"）。FIN 或 VIN 都可以，然后点击电脑键盘上的回车键。

B. 在"组别"选项中，选择"82 电气装置，结构"。在"已选组别"中会显示"82 电气装置，结构"。

C. 在"信息类型"中选择"电路图"。

D. 点击"2. 开始查找"。

E. 如图 2-81 所示，通过点击上下滑动按钮进行拖拽。

F. 找到并选中"车外照明的电路图"选项。

G. 点击"3. 显示文件"或双击选中的"车外照明的电路图"选项。

H. 此文件就是需要找的奔驰车辆车外照明的电路图文件。然后点击箭头所指示的链接，就是要找的电路图，如图 2-82 所示。

　　L. 点击按钮，独立窗口显示详细电路图文件。

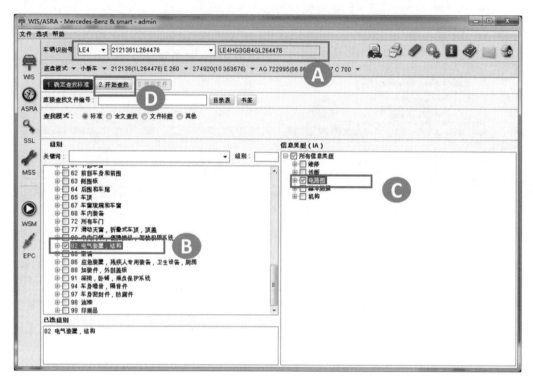

图2-80　选择组别

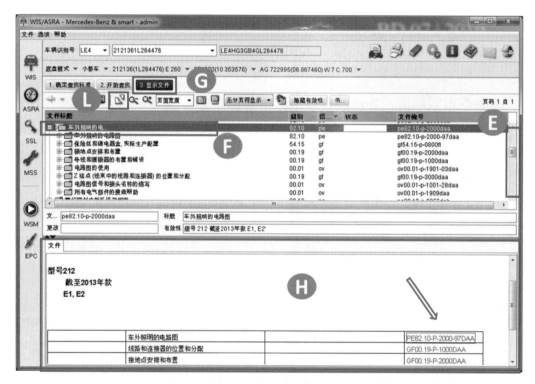

图2-81　选择文档

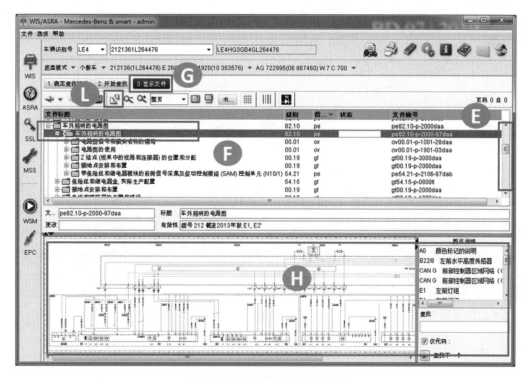

图2-82　车外照明的电路图文档

4.8　奔驰全系车型的自动空调（AAC）控制单元的电路图查询详细步骤

视频二维码

下面以一个完整的车辆识别号为例进行说明。其他车辆的自动空调（AAC）控制单元的电路图的查找方法（或路径）完全一致，只需要更换一个完整的车辆识别号就可以了。

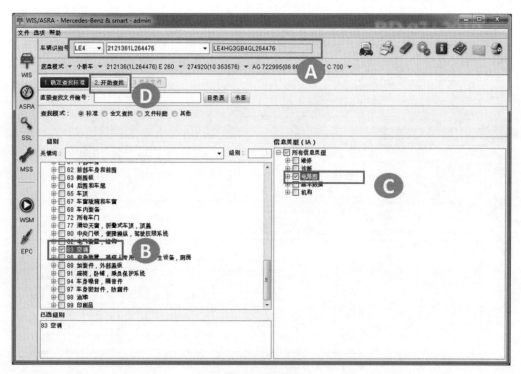

图2-83　选择组别

A. 如图 2-83 所示，输入需要查询车辆的完整车辆识别号（例如输入"LE42121361L264476"）。FIN 或 VIN 都可以，然后点击电脑键盘上的回车键。

B. 在"组别"选项中，选择"83 空调"。在"已选组别"中会显示"83 空调"。

C. 在"信息类型"中选择"电路图"。

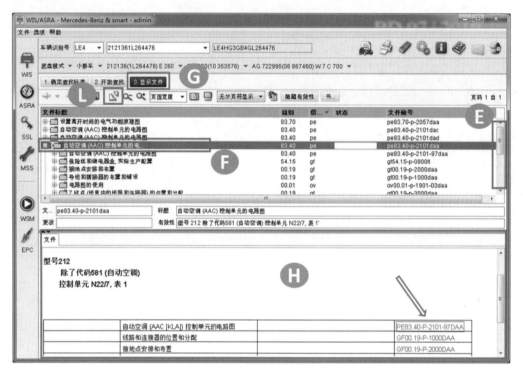

图2-84　选择文档

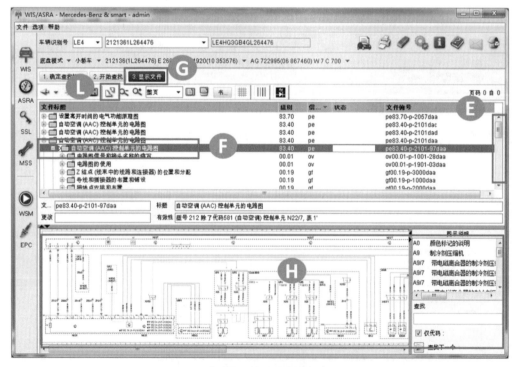

图2-85　自动空调控制单元的电路图文档

D. 点击"2. 开始查找"。

E. 如图 2-84 所示，通过点击上下滑动按钮进行拖拽。

F. 找到并选中"自动空调 (AAC) 控制单元的电路图"选项。

G. 点击"3. 显示文件"或双击选中的"自动空调 (AAC) 控制单元的电路图"选项。

H. 此文件就是需要找的奔驰车辆自动空调 (AAC) 控制单元的电路图文件。然后点击箭头所指示的链接，就是要找的电路图，如图 2-85 所示。

L. 点击按钮，独立窗口显示详细电路图文件。

4.9　奔驰全系车型的车辆座椅控制单元电路图查询详细步骤

视频二维码

下面以一个完整的车辆识别号为例进行说明。其他车辆的车辆座椅控制单元电路图的查找方法（或路径）完全一致。只需要更换一个完整的车辆识别号就可以了。

A. 如图 2-86 所示，输入需要查询车辆的完整车辆识别号（例如输入"LE42121361L264476"）。FIN 或 VIN 都可以，然后点击电脑键盘上的回车键。

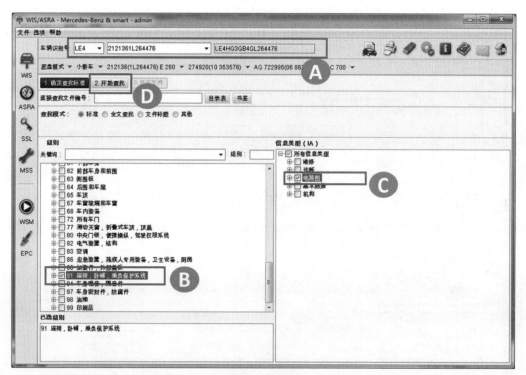

图2-86　选择组别

B. 在"组别"选项中，选择"91 座椅，卧铺，乘员保护系统"。在"已选组别"中会显示"91 座椅，卧铺，乘员保护系统"。

C. 在"信息类型"中选择"电路图"。

D. 点击"2. 开始查找"。

E. 如图 2-87 所示，通过点击上下滑动按钮进行拖拽。

F. 找到并选中"前排乘客侧座椅控制单元电路图"选项。

G. 点击"3. 显示文件"或双击选中的"前排乘客侧座椅控制单元电路图"选项。

H. 此文件就是需要找的奔驰车辆前排乘客侧座椅控制单元电路图的文件。然后点击箭头所指示的链接，就是要找的电路图，如图2-88所示。

L. 点击按钮，独立窗口显示详细电路图文件。

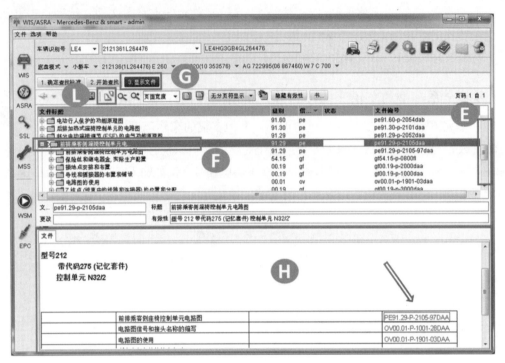

图2-87 选择文档

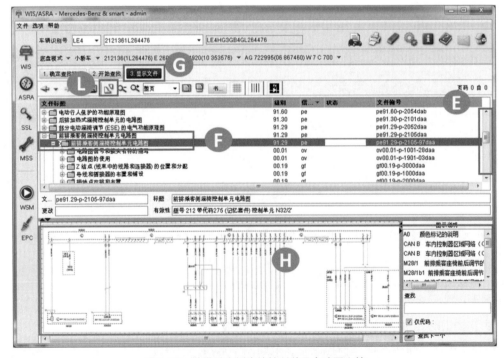

图2-88 前排乘客侧座椅控制单元电路图文档

视频二维码

4.10 奔驰全系车型的气囊控制单元的电路图查询详细步骤

下面以一个完整的车辆识别号为例进行说明。其他车辆的气囊控制单元的电路图的查找方法（或路径）完全一致。只需要更换一个完整的车辆识别号就可以了。

A. 如图 2–89 所示，输入需要查询车辆的完整车辆识别号（例如输入"LE42121361L264476"）。

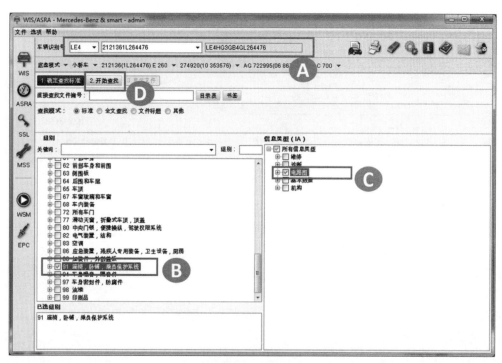

图2–89 选择组别

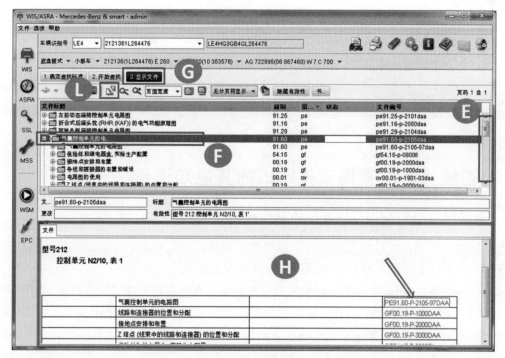

图2–90 选择文档

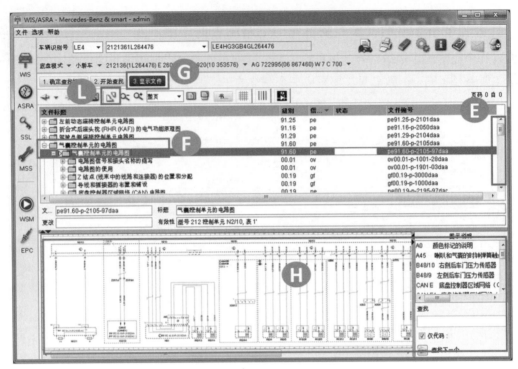

图2-91　气囊控制单元的电路图文档

FIN 或 VIN 都可以，然后点击电脑键盘上的回车键。

B. 在"组别"选项中，选择"91 座椅，卧铺，乘员保护系统"。在"已选组别"中会显示"91 座椅，卧铺，乘员保护系统"。

C. 在"信息类型"中选择"电路图"。

D. 点击"2 开始查找"。

E. 如图 2-90 所示，通过点击上下滑动按钮进行拖拽。

F. 找到并选中"气囊控制单元的电路图"选项。

G. 点击"3.显示文件"或双击选中的"气囊控制单元的电路图"选项。

H. 此文件就是需要找的奔驰车辆气囊控制单元的电路图文件。然后点击箭头所指示的链接，就是要找的电路图，如图 2-91 所示。

L. 点击按钮，独立窗口显示详细电路图文件。

5. 奔驰维修资料查询软件WIS的其他知识点

5.1　奔驰维修资料查询软件WIS的其他查询方法概述

如果已知操作号或文件号或想在奔驰维修资料查询软件 WIS 中用一个关键词全文查找，此时，除标准查找外，还可选用 确定查找标准窗口中的其他查找选项。

A. 如图 2-92 所示，可以使用直接区域查找文件编号，而不必在车辆识别系统中确定车辆数据。

B. 软件默认为"标准查找"，此外还有"全文查找""文件标题""操作号""SA 代码""特殊情况的工作说明""更改 / 新建 – 最新数据更新"和"重要信息"。

C. 根据所选的查找模式，会显示查找准则所需的其他输入栏。

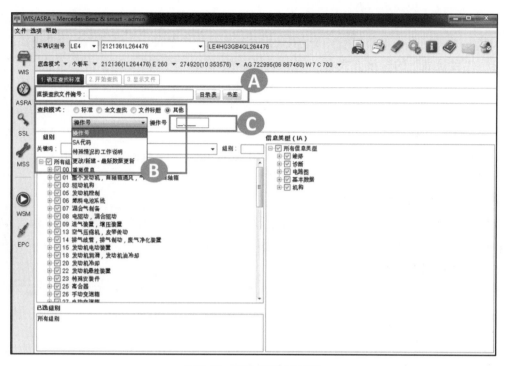

图2-92 确定查找标准窗口

一般而言，不同的查找模式需要不同的查找准则。只有所需的准则确定之后，控制栏中的"开始查找"按钮才会显示为激活。

5.1.1 "直接查找文件编号"的查找方式

图 2-93 中 A，如果输入了完整的文件号编（未预选车辆数据），则在"文件"面板中将只显示

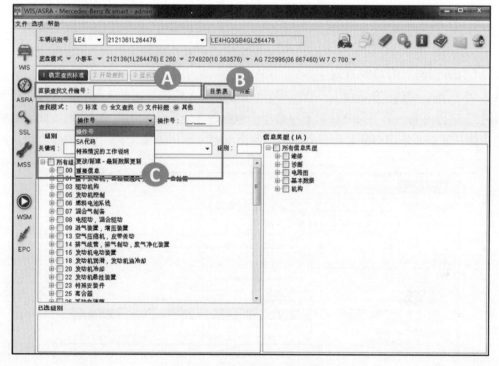

图2-93 直接查找文件编号窗口

该文件。如果只知道部分文件号，则可加上占位符"*"或"？"输入文件号。示例："ar35.??-p-00*""ar3510p0010*"，占位符"*"可代表任意字符和任意个字符，占位符"？"只代替一个字符。

5.1.2 "目录表"的查找方式

图 2-93 中 B，利用这个查找选项，可从"目录表"中访问维修间资料，而不必先选择车辆数据。然后可通过相应链接逐步找到所要的文件。

视频二维码

5.1.3 "全文查找"的查找方式

图 2-93 中 C，查找模式中"全文查找"，使用关键词进行全文查找可查找文本中含有该关键词的文件。所需的查找准则：输入关键词即可。

视频二维码

5.1.4 "文件标题"的查找方式

"查找模式"中"文件标题"查找，利用关键词进行文件名查找时，系统会查找文件名中含有该关键词的文件。所需的查找准则：输入关键词即可。

视频二维码

5.1.5 "操作号"的查找方式

如图 2-94 所示，"查找模式"中"操作号"查找，可以给在前面车辆识别系统中输入的车辆数据加上 ASRA 系统的操作号。然后，WIS 会自动查找与该操作号直接关联的文件，显示在选中结果列表中。所需的查找准则：输入 ASRA 系统的操作号。

图2-94　操作号查找窗口

5.1.6 "SA代码"的查找方式

如图 2-95 所示，通过"SA 代码"查找模式可查找对 SA 代码有效的文件。如果是使用车辆识别号识别车辆，则会出现一个下拉菜单。下拉菜单中包含该车上所装的所有 SA 代码。此信息可从车辆的数据卡获得。如果是使用型号名称识别车辆，则会出现一个用于输入 SA 代码的输入栏。所需的查

图2-95　SA代码查找窗口

找准则：输入 SA 代码。

5.1.7 "特殊情况工作说明"的查找方式

如图 2-96 所示，"特殊情况工作说明"查找模式与车辆识别系统中的车辆识别号关联。在其所查到的文件中，会显示针对服务措施而提供的工作说明与程序。所需的查找准则：输入车辆识别号。

图2-96 特殊情况的工作说明窗口

5.1.8 "更改/新建−最新数据更新"的查找方式

如图 2-97 所示，此查找模式查找自上次数据更新（WIS 系统升级）以来进行过修改或新近发布的文件。查找准则：输入车辆识别号，任选组别，任选信息类型。

图2-97 更改/新建−最新数据更新窗口

5.1.9 "重要信息"的查找方式

如图 2-98 所示，通过"重要信息"查找模式可查找在一定时间段内特别重要的文件，而不管它们是如何用数据更新方式输入的。这些文件都有一个终止期，意味着以后不管数据如何更新，它们仍是 WIS 系统中的"重要信息"，一直到这个期限结束为止。在这个终止期之后，这些文件名将不再显示在"重要信息"之下。可使用其他查找选项继续查找这些文件名。查找准则：输入车辆识别号，任选组别，任选信息类型。

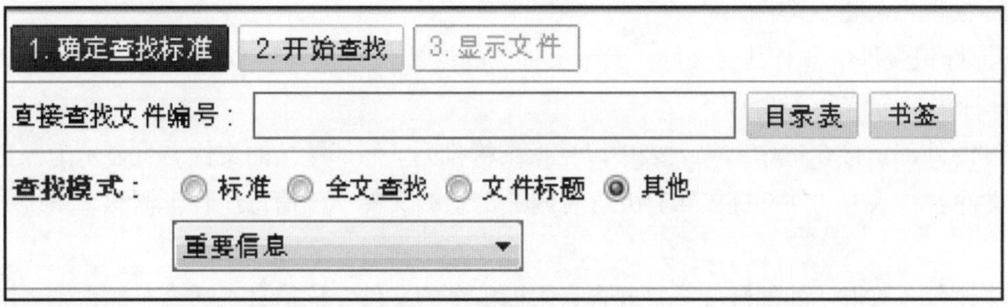

图2-98 重要信息窗口

5.2 奔驰维修资料查询软件WIS中"显示文件"的其他重要功能

5.2.1 显示文件窗口中的重要功能

如图2-99所示，如果查找到一个或多个文件，会在"3.Show documents"（显示文件）步骤中列出。

A. 找到的文件在选中结果列表中列出。

B. 双击文件名显示文件。

C. 文件视窗中。

D. 通过点击和拖拽分隔线可以按个人需要定制选中结果列表和文件视窗的尺寸。

E. 点击图标打印所显示的文件。

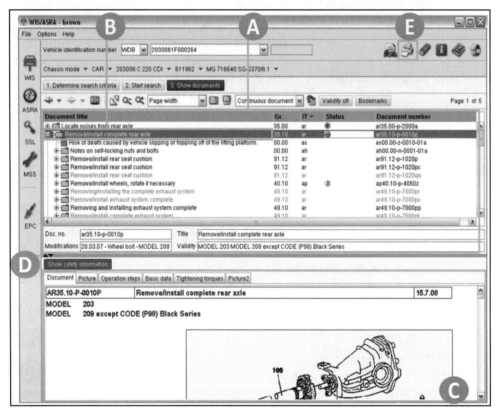

图2-99　显示文件窗口

5.2.2 选中结果列表中最重要的功能和图标

F. 如图2-100所示，"+"和"-"图标可开启和关闭选中结果列表中的文件结构。

G. 图标标识当前显示文件。

H. 图标标识文件中含有其他文件（参考文件）的链接。

J. 图标标识安全信息文件。

K. 文件的外部链接在选中结果列表中以树形结构排列。外部链接的文件名可显示为黑色或灰色。

黑色文件名：双击"外部链接"打开含有附加信息的文件。该信息适合车辆识别系统中选择的车辆数据。

灰色文件名：双击"外部链接"打开含有附加信息的文件。该信息不适合车辆识别系统中选择的车辆数据。

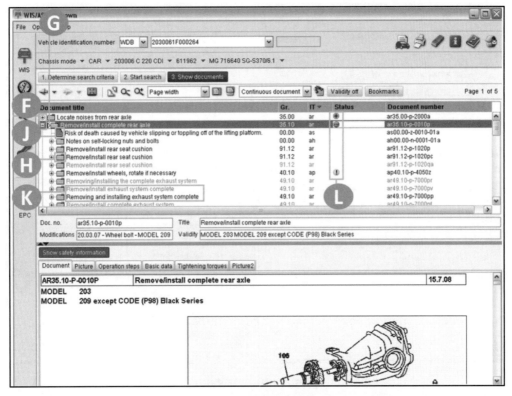

图2-100 选中结果列表

L. 新的 ✛ 、已更改的 ●●● 以及最近的 ❗ 文件（相对上次数据更新）在选中结果列表中用特殊的状态标志高亮显示。

若要访问最新文件，必须满足以下技术要求：

◆通过互联网或企业内部互联网连接更新服务器获得最新文件

◆若要使用这项功能，管理员必须开通用户 ID

◆访问权限必须包括"最新查找"

◆必须在设置窗口的"操作"面板中选择"对最新文件进行各种查找"选项

5.2.3 文件视窗中最重要的功能和图标

M. 如图 2-101 所示，图标是显示和隐藏选中结果列表的切换开关。

N. 使用图标可向前和向后浏览最近显示文件的显示历史。

O. 使用图标可按所需的缩放比例调整窗口尺寸。

P. 滚动条可用于上下拖动文件。

Q. 文件视窗可通过使用文件面板来进行定制。必要时可点击"文件"面板来显示整个文件。还可以只显示文件的个别章节，例如"工作步骤"或"拧紧力矩"等。

R. 如果文件内含有链接，则可用来快速访问附加信息。可在选中结果列表或文件视窗中点击这些链接。

＊ BA61.10-P-1008-01L：内部链接（蓝色），选择一个"内部链接（蓝色）"可转至本文件中的另一个位置，例如"加注量""市售工具""专用工具"等。

AR49.10-P-7142MRD：外部链接（红色），选择"外部链接（红色）"打开含有附加信息的文件。该信息适合车辆识别系统中选择的车辆数据。

图2-101　文件视窗

AR49.10-P-7142OIB：外部链接（灰色），选择"外部链接（灰色）"打开含有附加信息的文件。该信息不适合车辆识别系统中选择的车辆数据。

第三部分 奔驰诊断软件XENTRY篇

1. 奔驰诊断软件XENTRY的连接方式和进入方法

奔驰系统从车型/车系 204 开始，不再使用奔驰诊断软件 DAS 诊断车辆，车型/车系 204 以后的新车型开始使用新的奔驰诊断软件 XENTRY 来进行诊断和维修车辆。那么在这一部分，我们先来学习一下奔驰诊断软件 XENTRY 的连接方式和进入方法。

1.1 奔驰诊断软件XENTRY的连接方式

奔驰诊断软件 XENTRY 的连接方式和奔驰诊断软件 DAS 使用的连接方式是一样的。首先通过诊断插头 OBD Ⅱ 线束连接奔驰诊断包到车辆上，然后在诊断电脑和诊断包之间，连接好数据线，这样就连接好了，如图 3-1 所示。当然也不要忘记，连接好车辆的稳压器，并保证电压在12.8 ~ 13.8V 之间。请大家注意的是，不管是第 4 代的奔驰诊断包，还是第 6 代的奔驰诊断包，它们的连接方式都是一致的。

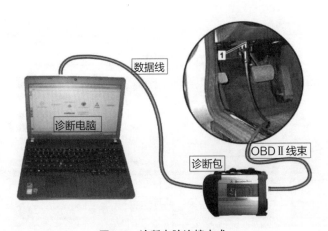

图3-1 诊断电脑连接方式

1.2 奔驰诊断软件XENTRY的进入方法

首先在奔驰专用诊断电脑上，找到奔驰诊断软件 XENTRY 的图标，图标形式如图 3-2 所示。请注意观察，图标上方有字母 X 和小轿车标志，图标下方有 CARS 标志。找到上述图标后，第一步先双击此图标。

图3-2 诊断软件轿车系列图标

双击图标后稍微等待几秒钟（时间长短取决于所使用诊断电脑的配置），诊断软件界面会变成品牌选项，奔驰诊断软件轿车系列的品牌目前有，Mercedes-Benz（奔驰品牌）、smart品牌、MAYBACH（迈巴赫）品牌和北京汽车品牌，详细情况如图3-3所示。我们以奔驰品牌作展示，在图3-3中品牌界面，点击"Mercedes-Benz"标志，界面变成产品组，如图3-4所示。

图3-3　品牌选项

图3-4　产品组选项

在"产品组"界面有3种方法可以进入奔驰诊断软件XENTRY，然后进行车辆诊断。

方法1：点击"自动确定车辆"按钮就可以了；奔驰诊断软件XENTRY会自动和车辆进行通信连接，无须进行过多的操作。优点是操作简单快捷，缺点是有些车型软件无法识别。

方法2：点击"车辆识别号（VIN）"，然后输入车辆17位车辆识别号，点击继续就可以了；奔驰诊断软件 XENTRY 就会和车辆进行通信连接。虽然此方法看似因输入车辆识别号而时间较长，但是实际工作中在不考虑车辆故障原因的情况下，采用此方法进入车型然后通信，基本上不会出现问题。特别是在车辆通信有问题的情况下，奔驰诊断软件 XENTRY 会引导技师排除相关问题，直到最终与车辆通信并进入车上控制单元模块。关于操作步骤在后面部分会详细介绍，在此不再赘述。

　　方法 3：选中要连接车辆所属的车型 / 车系，然后点击操作界面下部的"听诊器"图标就可以了。此方法技师用得较多，它比方法 1 稳定，出问题较少；比方法 2 的操作较省时间。虽然此方法技师们应用较多，但是对技师的基本功要求比较高。要对需要诊断的车型 / 车系非常了解才可以。首先技师看到车辆就要知道，例如诊断的车辆是 213 系列，然后选中"213"按钮，最后才可以点击"听诊器"图标，最终进行车辆通信和诊断。

1.3　奔驰诊断软件XENTRY的进入步骤

视频二维码

以奔驰诊断软件 XENTRY 的进入方法 2 为例。

第一步，点击"车辆识别号（VIN）"，然后界面切换至图 3-5。

图3-5　输入VIN窗口

　　第二步，在图 3-5 中输入 17 位车辆识别号。

　　第三步，点击"继续"按钮，界面切换至图 3-6 所示的界面，该界面显示奔驰诊断软件 XENTRY 识别出的详细车辆信息。

　　第四步，在图 3-6 中，点击"听诊器"图标，然后诊断电脑和车辆进行通信连接，如图 3-7 所示。在该界面时，只需等待就可以了，直到出现总览界面（图 3-8）。

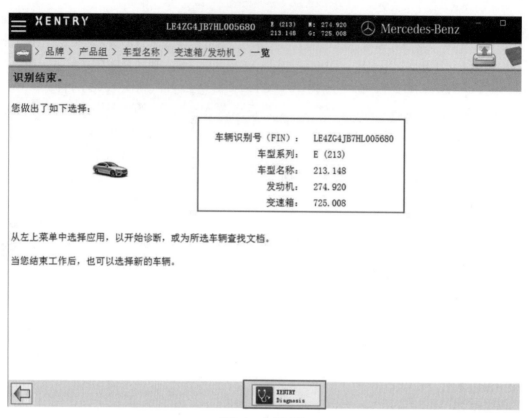

图3-6　车辆确认

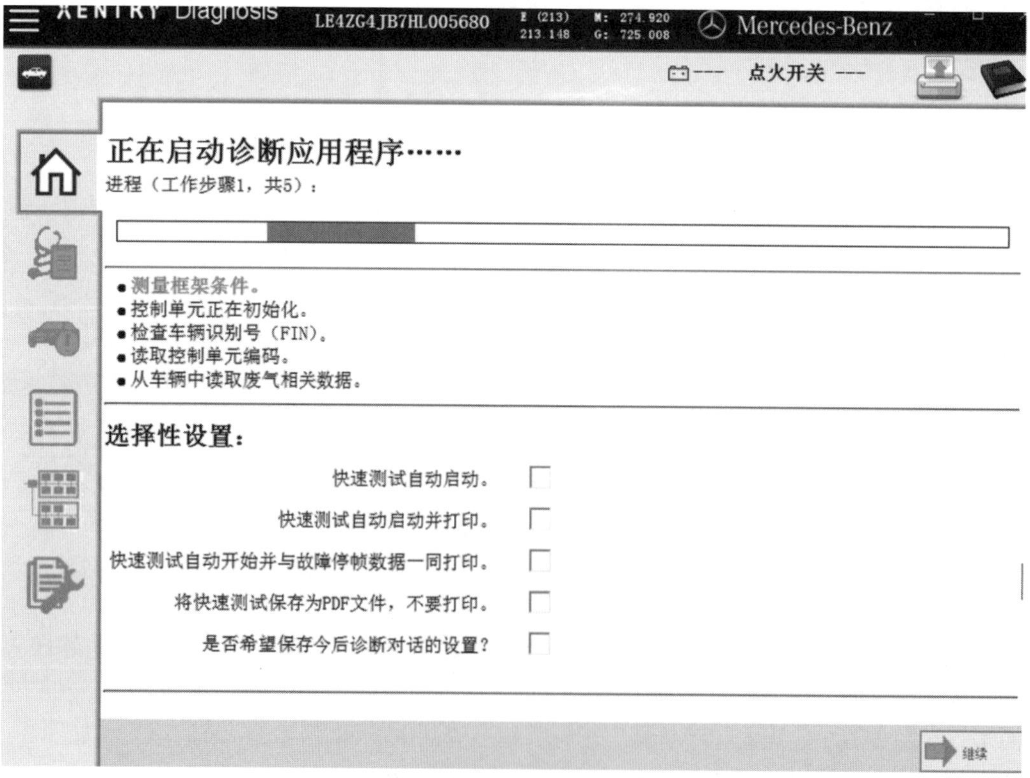

图3-7　诊断通信中

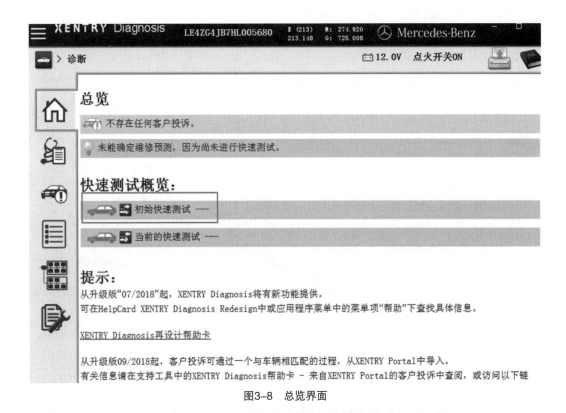

图3-8　总览界面

第五步，点击"初始快速测试"后，诊断软件界面将切换至图 3-9 所示的界面。

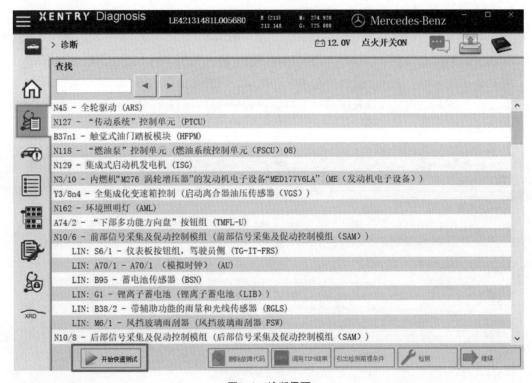

图3-9　诊断界面

图 3-9 诊断界面，也就是进入的奔驰诊断软件 XENTRY 的全车控制单元界面了。在该诊断界面，点击"开始快速测试"按钮，诊断电脑将进行全车控制单元通信扫描并读取相关信息。扫描后的界面

如图 3-10 所示，就可以进行读取相关故障代码、故障引导、激活部件检测、查看实际值等车辆维修工作了。

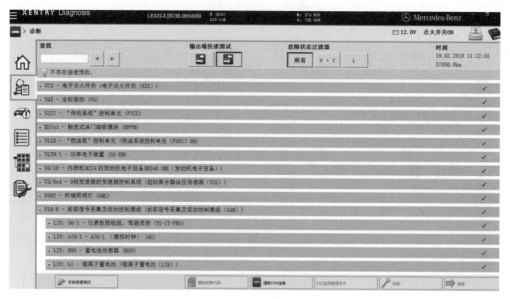

图3-10　XENTRY快速测试界面

2. 奔驰诊断软件XENTRY界面介绍

2.1　诊断概览界面

诊断概览界面是关于已执行的快速测试，是否存在投诉和维修预测的一览表，如图 3-11 所示。技师可以在这里看到是否存在客户投诉、是否存在维修预测的汇总（只有进行了快速测试后，才能看到这些）。此外，如果已经进行了输入和输出快速测试，技师也会看到相关的汇总。

如果在登录车辆时或在系统设置中选择了成功登录车辆后自动进行快速测试，那么也会在该概览界面上看到快速测试的进度。

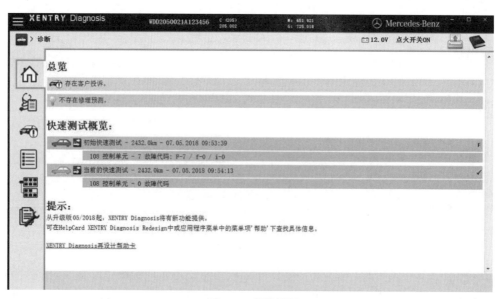

图3-11　概览界面

在概览界面还可以看到车辆的一些关键数据，如图 3-12 所示。可以看到的主要信息：显示所选车辆的车辆识别号 FIN/VIN、销售型号（车辆款式或车型系列）、M（发动机款式）、G（变速器款式）。这些信息对技师进行技术探讨和查询维修资料都有很大的帮助。

图3-12　关键数据

2.2　快速测试界面

在快速测试界面，显示当前的快速测试结果。快速测试能提供车辆中安装的所有控制单元的故障记忆状态概览。如果尚未进行快速测试，那么技师可以看到如图 3-13 所示的视图。

图3-13　快速测试

可以从该视图进入各个控制单元（电脑模块），并查看各个故障代码（若有）。但是，我们始终建议在开始每次维修作业之前进行快速测试！通过点击图 3-13 左下部的"开始快速测试"按钮，就可以进行快速测试了。

2.2.1 输入快速测试（第1次快速测试）

如果成功进行该快速测试，那么其结果会在本次会话中保存为"输入快速测试"。结果显示在如图 3-14 所示的视图中。

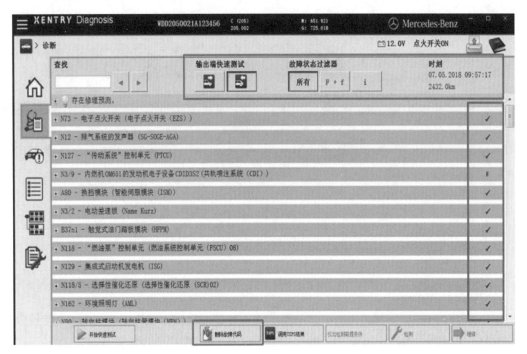

图3-14 输入快速测试

现在看到的是被检测的控制单元一览表。可以在右侧页面看到每个控制单元的状态信息：

√：表示控制单元内未保存故障代码

F：表示目前控制单元内存在故障

f：表示控制单元内保存有故障，但目前不存在

i：表示控制单元内存在事件

!：表示控制单元无应答或错误应答

在图 3-14 中，还可以在输入快速测试和输出快速测试之间切换（如果只进行了一个快速测试，那么输出快速测试等于输入快速测试）。利用"故障状态过滤器"下的 3 个按钮，可以根据控制单元利用故障或事件过滤结果。可以查找特定控制单元的快速测试结果，或者根据故障状态进行过滤。故障状态过滤器可以让奔驰诊断软件 XENTRY 快速显示有故障信息的控制单元，提高查询效率。此外，还可以查看执行快速测试的时间点和当前里程数。

点击"删除故障代码"，可以将故障记忆删除。如果未保存有故障/事件，那么该按钮显示为灰色，无法点击。

2.2.2 输出快速测试

当技师执行了第 1 次快速测试后，其他的快速测试会被保存为输出快速测试。注意：始终只保存最后一个快速测试。换言之，当进行了 4 次快速测试后，就可以访问第 1 次快速测试（输入快速

测试）和第 4 次快速测试（输出快速测试）。如果没有打印第 2 次和第 3 次快速测试的结果，那么结果会丢失。

2.2.3　维修预测

结束快速测试后计算结果。修理预测可以提供最多 3 个可能的、含有下列类别不同概率的故障原因：操作项目、损坏位置和损坏类型、损坏零件及零件号。

在接下来的视图中可以看到一个维修预测举例，如图 3-15 所示。

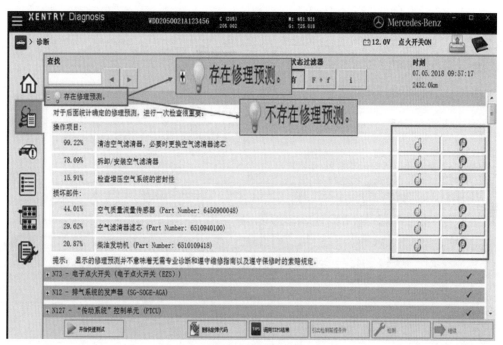

图3-15　修理预测

在排除故障操作中，是否有可用的维修预测，可以从快速测试上方淡蓝色柱状图的状态来识别：显示"存在修理预测"或者"不存在修理预测"。

2.2.4　为什么要使用或设计维修预测

①协助故障查询。②快速定位故障原因及部件。③减少客户车辆在维修间的停留时间。④现场使用来自全世界的经验。⑤准确判断维修费用和维修间停留时间。⑥可对维修预测做出直接反馈。

2.2.5　这些维修预测数据从哪里来

维修预测利用了奔驰公司从世界范围内已执行的维修中获得的经验知识（大数据分析）。因此，所有预测均基于在世界范围内收集的车辆和故障图的统计数据。请注意：预测提供了关于可能的损坏原因的线索。在执行操作前必须通过规定的措施检查这些结果！

2.2.6　请协助参与系统的改善

当技师结束维修诊断后，诊断软件会让技师查看输入快速测试，并分析反馈维修预测。让技师操作点击如图 3-16 所示的图标，说明奔驰诊断软件 XENTRY 预测正确。让技师操作点击如图 3-17 所示图标，说明奔驰诊断软件 XENTRY 在本案例中预测不正确。随着时间的推移，系统会变得更智能，能提供更好、更准确的预测。

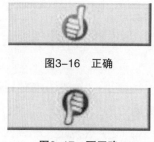

图3-16　正确

图3-17　不正确

2.2.7　如何进入一个控制单元查看数据

如图 3-18 所示，通过图右侧的上下滑动按钮，找到并点击选中想要进入的控制单元，例如选中发动机控制单元 N3/9，选择后会展开一个视图，在这个视图中含有关于控制单元版本和可能的故障代码的信息。

图3-18　进入控制单元

在图 3-18 中的右下角，点击"继续"，与控制单元建立起连接。根据控制单元安全操作规范，技师首先必须阅读安全注意事项，并且打勾确认已阅读。接着，技师就可以进入控制单元视图进行维修诊断了。

2.3　客户投诉界面

根据客户投诉或者客户所描述的车辆故障现象，在奔驰诊断软件 XENTRY 中重新记录投诉，从奔驰诊断软件 XENTRY 界面查看和编辑投诉。客户投诉可以在诊断时为技师提供帮助。根据投诉，所有参与被投诉功能的控制单元被组合起来显示，从而方便故障查询。

在奔驰诊断软件 XENTRY 界面的客户投诉，可以直接显示在下面的视图中，如图 3-19 所示，有的客户投诉必须由技师手动创建，它们也会显示在图 3-19 的视图中。

在查看投诉之前，技师必须执行快速测试。图 3-19 的奔驰诊断软件 XENTRY 界面中未保存有客户投诉。

2.3.1　创建客户投诉

若要手动创建客户投诉，技师在图 3-19 中必须点击下框中的"新投诉"。为了创建投诉，技师将在下一个视图中看到投诉对应的类别。这些类别是依据 XENTRY TIPS（奔驰技术通报软件）来划分的。接下来，以创建客户投诉"空调系统制冷不足"为例进行介绍。

（1）首先定义车辆的哪部分遇到投诉，在本例中选择"车身"，如图 3-20 所示。

图3-19　客户投诉

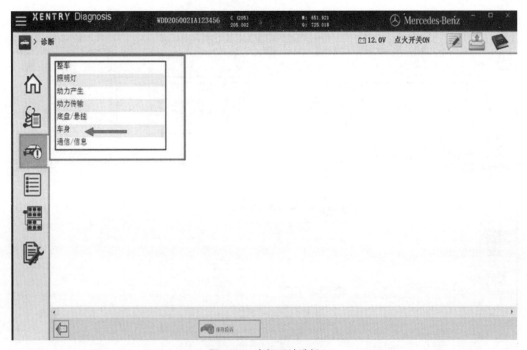

图3-20　车辆系统选择

（2）在这一步，技师可以直接选择具体的总成。在本例中选择"恒温控制"，如图 3-21 所示。一旦技师在这一步中进行了选择，就可以点击下框中的"保存投诉"来结束创建。但是，建议尽可能详细地说明投诉，只有这样，才能尽可能准确地限定范围。

（3）在这个步骤中可以选择涉及的元件。在本例中选择"空调"，如图 3-22 所示。

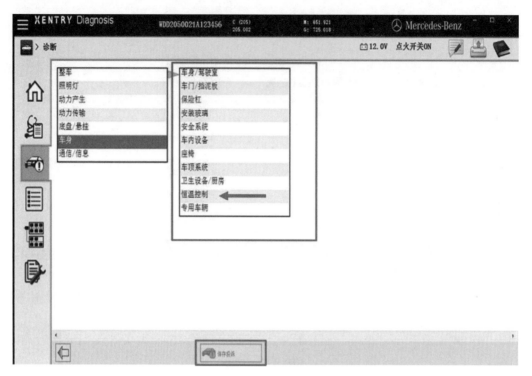

图3-21　总成选择

图3-22　元件选择

（4）在最后一步请选择最贴合投诉的症状。本例中选择"冷却功率不足"，如图 3-23 所示。

（5）当我们详细选择说明了投诉后，直接点击下框中的"保存投诉"按钮就可以了。

（6）接着会弹出一个窗口，我们可以选择在这个窗口中输入自由文本。在本例中输入客户的陈述，以便更好地进行跟踪。当点击该窗口中的"保存投诉"后，投诉就创建好了，如图 3-24 所示。

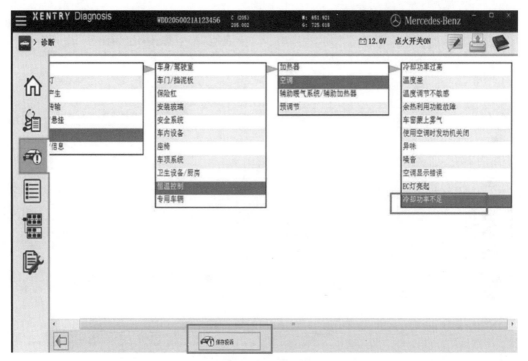

图3-23 症状选择

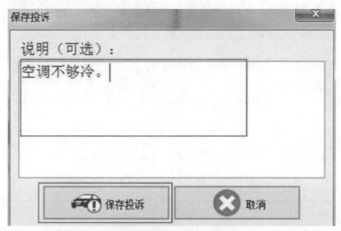

图3-24 保存投诉

（7）现在可以在一览表中查看刚才创建的投诉了，如图 3-25 所示。

2.3.2 编辑客户投诉

如图 3-26 所示，点击"+"图标，可以查看投诉的详细信息。这里可以再次输入自由文本格式的注解。

点击"新投诉"按钮，可以在此创建车辆的一个其他的新客户投诉，步骤同上所述。点击"删除投诉"按钮，可以删除之前创建的任何一个"客户投诉"。

点击下框中的"继续"按钮，可以对选中的投诉进行客户投诉引导检测。

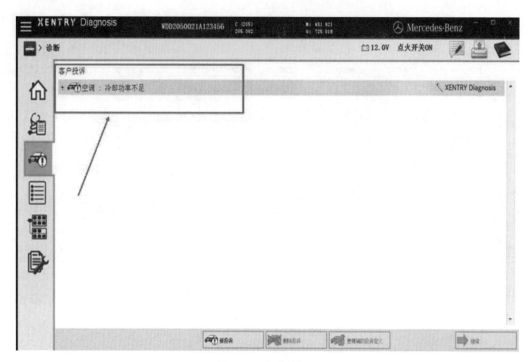

图3-25 创建的投诉

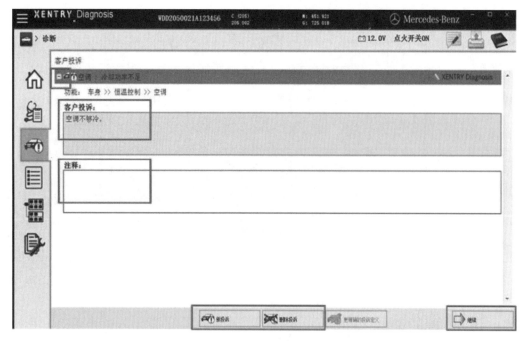

图3-26 编辑客户投诉

2.4 客户投诉引导检测

选中客户投诉，点击"继续"按钮后，首先会看到所有可能参与被投诉功能的控制单元的安全注意事项。技师必须打勾确认，然后点击"继续"按钮。现在可以在不同选项卡之间进行选择查看诊断故障所需资料，如图 3-27 所示。

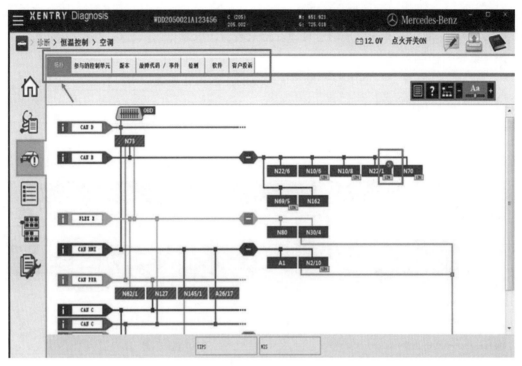

图3-27 拓扑图

2.4.1 拓扑结构图

技师会在这里看到一个所有参与该功能的控制单元的拓扑结构图。此外，控制单元上还标有一个数字，这个数字代表相应的控制单元内保存有几个故障代码。

在图3-27中点击任意一个控制单元，就可以看到一个窗口，窗口展示了与该控制单元连接的总线系统、相连的 LIN 控制单元的信息，以及在快速测试中确定的故障代码的列表，如图3-28所示。

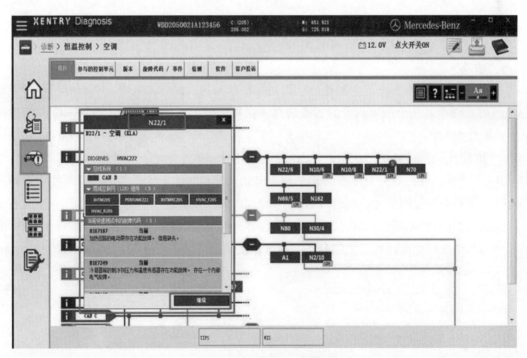

图3-28 单个控制单元信息

在图 3-28 中, 点击"继续"按钮, 可以进入该控制单元, 并看到一个与通过快速测试进入时相同的视图。关于拓扑结构视图的更多信息可以在这里查看, 大家可以试着点一点, 看一看。

2.4.2 参与的控制单元

如图 3-29 所示, 会在该视图中看到参与该功能的控制单元列表。与拓扑结构视图相反, 在这里看不到哪些控制单元保存了故障代码。

当选择了一个控制单元后, 可以通过点击"继续"按钮进入该控制单元, 并看到一个与通过快速测试窗口进入的相同的视图。

图3-29 参与的控制单元列表

2.4.3 版本

如图 3-30 所示, 在该视图的左侧栏可以看到一个参与的控制单元列表, 在右侧栏可以看到目前选择的控制单元版本。关于版本内容的相关信息, 在奔驰超级工程师 DTS 中应用非常广泛, 可以实现控制单元离线编程。

2.4.4 故障代码/事件

如图 3-31 所示, 在此界面可以查看相关控制单元内保存的故障代码和事件。当技师选择了一个控制单元时, 例如空调控制单元, 就可以通过"继续"按钮进入该控制单元, 并看到一个与通过快速测试窗口进入的相同视图界面。当技师选择了一个故障代码或事件时, 就可以对它进行引导检测, 具体操作和使用方法在后面会详细和大家分享。当然, 技师也可以在该视图上删除相关控制单元的故障记忆。

图3-30　版本信息

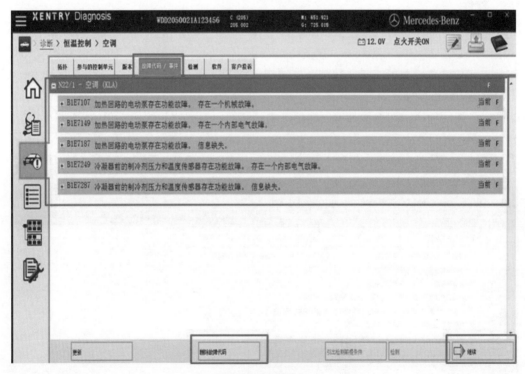

图3-31　故障代码

2.4.5　检测

如有可能或者必要，可以在该选项卡下对所选投诉执行检测，如图 3-32 所示。检测引导，也是奔驰诊断软件 XENTRY 的诊断检测逻辑，可以帮助我们诊断车辆，排除故障。

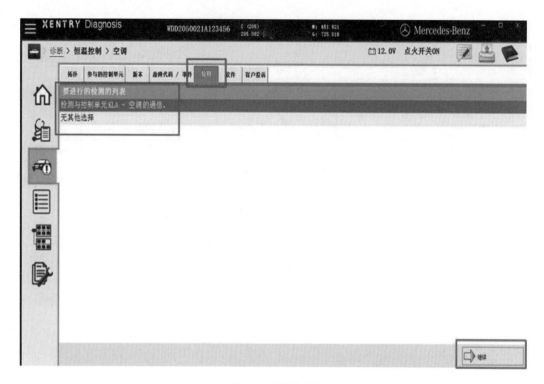

图3-32　检测列表

2.4.6　软件

如果所选投诉通过软件更新可以解决问题，那么技师就可以在这里找到相关软件更新，如图 3-33 所示。

注意：调试和更新控制单元时，技师需要使用 XENTRY 在线用户账号。可以在启动 XENTRY 时或者在开始调试 / 更新过程之前登录该账号。

如果找到了新的软件，那么技师可以在接下来的视图中看到这些软件。此外，还会列出通过本次

图3-33　提示编程

更新排除的所有其他投诉。当技师点击蓝色链接（控制单元编程）后，将启动控制单元升级过程。

如果所选的投诉没有可用的软件，则会看到不一样的界面，如图 3-34 所示。

图3-34 无编程信息

2.4.7 客户投诉

如图 3-35 所示，可以在这里看到为该车辆创建的所有其他客户投诉的一览表。该列表是根据与当前投诉和其他投诉的关联性划分的。

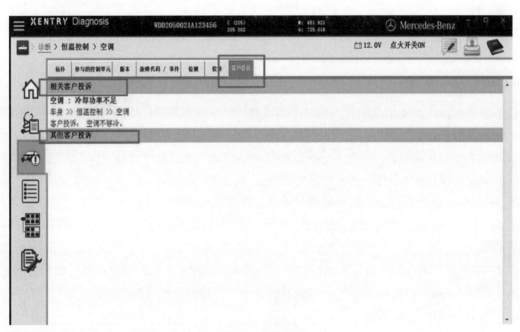

图3-35 客户投诉

2.5 控制单元视图界面

如图 3-36 所示，该界面是按照车辆类别分类的控制单元概览。该视图将车辆上安装的控制单元进行分组归类。

选择控制单元，首先要标记需要的控制单元组（例如驱动方式、驾驶员辅助系统等）。然后，在屏幕的右侧会显示该组中所有的控制单元。当技师选择了一个控制单元，并点击"继续"按钮后，就开始进入相应的控制单元。登录进入后，就进入了该控制单元视图，可以查看该控制单元视图的详细信息。

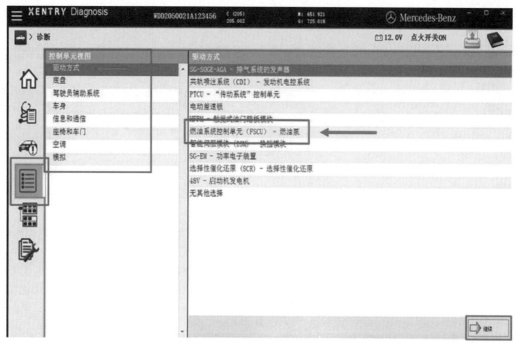

图3-36 控制单元视图

2.6 拓扑结构界面

拓扑结构界面显示整车拓扑结构（执行了快速测试后也显示故障代码/事件）。可以在该视图中看到整车的拓扑结构。此处可以查看控制单元是如何相互连接的，以及它们连接着哪些总线系统。如果技师已进行了一次快速测试，那么保存有故障代码的控制单元会被红色数字标出，这可以让技师了解保存有多少个故障代码/事件，详细信息如图 3-37 所示。

在图 3-37 中，各个总线开始都是折叠起来的，若要显示该总线上连接的控制单元，必须点击相关总线上的"+"。反之，也可以通过点击"-"将总线重新折叠起来，可以让网络拓扑结构一览表显示得更清晰。

在图 3-37 中，它的左侧一直显示的控制单元是网关控制单元，它们将总线系统相互连接起来。

在图 3-37 中，点击右上角的"？"或者其他符号，可获得操作该视图的更多信息，点击"？"后显示的详细信息如图 3-38 所示。

在网络拓扑图中，点击选择一个控制单元，可以打开一个窗口，一方面可以在其中查看该控制单元连接了哪些总线系统，另一方面可以查看其中保存了哪些故障代码/事件，详细信息请查看图 3-38。

在图 3-39 中，点击控制单元窗口中的"继续"按钮，可以登录该控制单元，然后看到控制单元
视图。

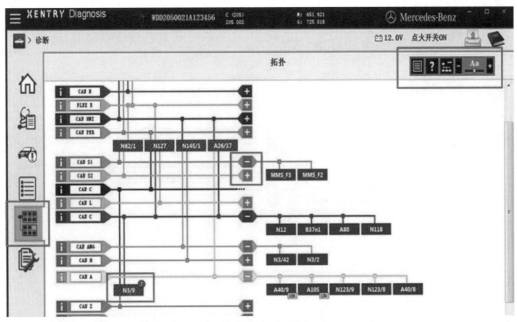

图3-37　网络拓扑结构

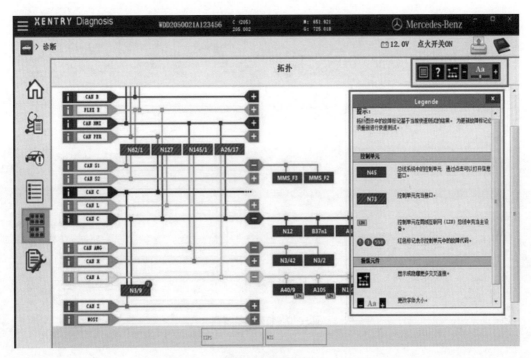

图3-38　信息说明

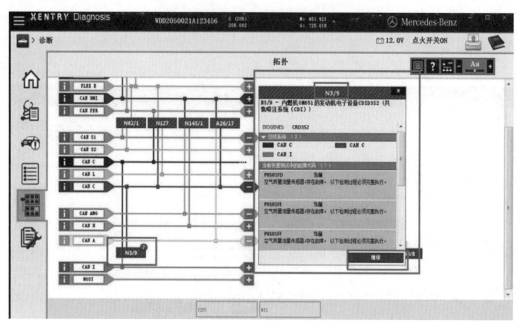

图3-39　控制单元信息

2.7　特殊功能界面

特殊功能界面是与车辆相关的特殊功能（例如保存的控制单元报告）。在该视图中可以对车辆的加装和改装进行设置，并查看保存的控制单元报告，如图 3-40 所示。

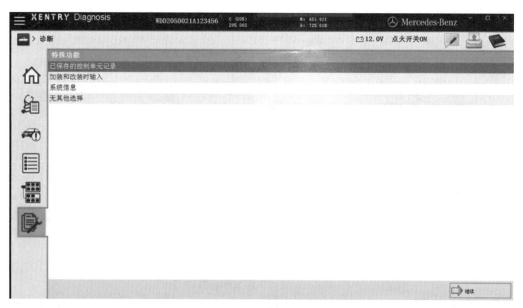

图3-40　特殊功能界面

3. 控制单元视图详细说明和实战案例应用

当成功进入选择的某个控制单元后，首先会看到安全注意事项，接着提供若干选项卡供我们选择。注意：选项卡的数量和提供的功能因控制单元视图的不同而不同！

3.1　安全提示

每次登录或进入选择的某个特定的控制单元后，必须确认已阅读并了解了安全注意事项。如图 3-41 所示，确认时直接在方框中点击一下就可以了，然后在右下侧点击"继续"按钮，界面就进入要分享的控制单元视图了。

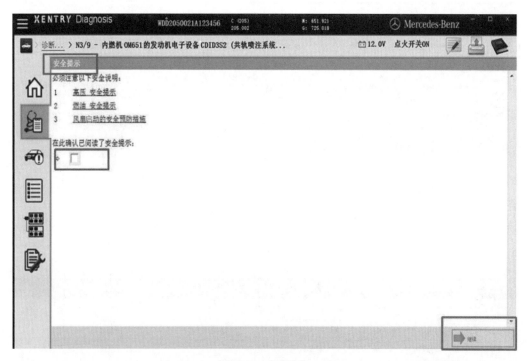

图3-41　安全信息

3.2　版本

当确认了安全注意事项后，会看到"版本"选项卡，它可以告诉我们安装的控制单元和相关的软件版本等信息，如图 3-42 所示。版本信息里的软件号和硬件号，在奔驰超级工程师 DTS 中，应用非常广泛，可以实现控制单元离线编程。大家在研究奔驰超级工程师 DTS 时，理解和掌握此界面是非常重要的。

3.3　故障代码/事件

在该视图中，可以找到相关控制单元中保存的故障代码 / 事件，如图 3-43 所示。

选择某个故障代码，可以通过点击"检测"来启动相关的检测引导。

点击"开始监控"，可以将故障代码 / 事件从相关的控制单元读取到一个连续循环中，从而确定更改。

点击"停止监控"，可以停止读取到连续循环。

点击"删除故障代码"，可以删除相关故障代码中的故障记忆。

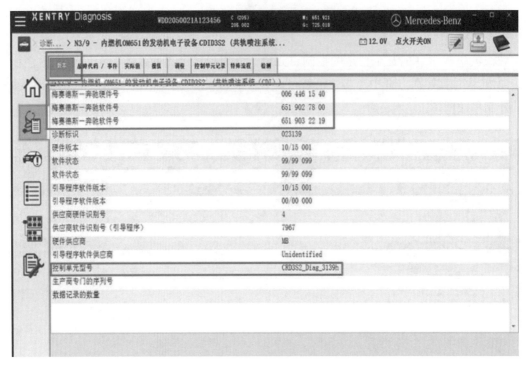

图3-42　控制单元版本

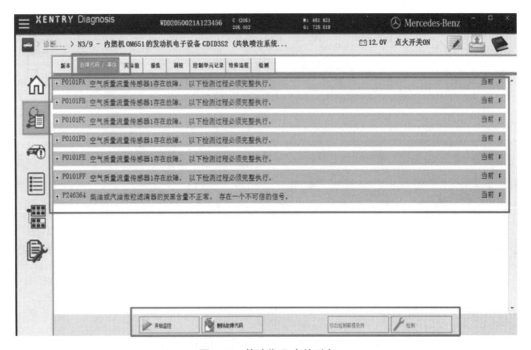

图3-43　故障代码/事件列表

3.3.1　控制单元专用的环境数据

如图 3-44 所示，当点击"+"展开某个故障代码/事件后，可以查看关于该故障代码的附加信息。技师可以在这里查看相关故障代码首次和最后一次出现时的控制单元专用数据（或环境数据）。此数据对分析故障原因是很有帮助的。

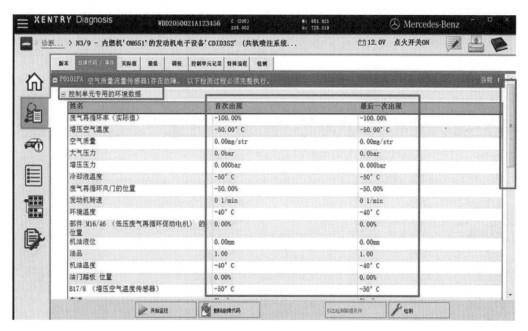

图3-44　故障代码环境数据

3.3.2　关于临时出现的附加信息

技师可以在该视图中找到临时出现的各种附加信息，如图 3-45 所示。

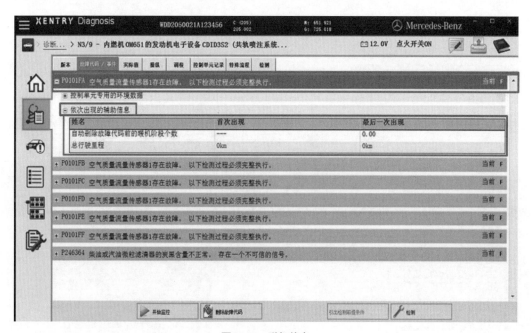

图3-45　附加信息

3.3.3　"故障代码引导检测"在工作中的应用方法

"故障代码引导检测"在奔驰诊断软件 XENTRY 中具有非常实用的功能。故障代码在解决车辆故障问题时，通过诊断电脑自己的维修诊断逻辑确实可以帮助提高维修诊断效率。即使对这个故障代码不太理解或者没有工作经验，通过故障代码的引导性功能，大部分故障也可以顺利排除并解决。以一个故障代码为例，来展示 XENTRY 强大的引导性功能。

视频二维码

例如我们有一辆奔驰汽车，在传动系统控制单元 N127 里报有故障代码：B218E00 散热器百叶片促动存在功能故障，如图 3-46 所示，并且导致车辆发动机报警灯点亮。这个故障应该怎么维修呢？技师之前很少维修奔驰车辆，没有参考经验，百叶片又是什么部件呢？下面来看看诊断电脑怎么来解决，只需要在图 3-46 界面上点击其下部的"检测"按钮就可以了。

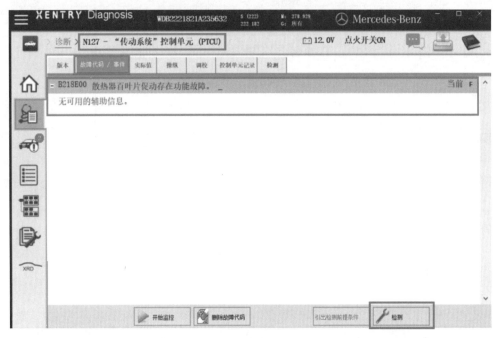

图3-46　故障代码

然后界面就会切换至 3-47 所示的界面，从此界面直接就知道 M87 就是散热器百叶片促动器电机，由它来控制百叶片，在图 3-47 中点击"继续"按钮，诊断电脑会让我们一步一步地去检测。技师只

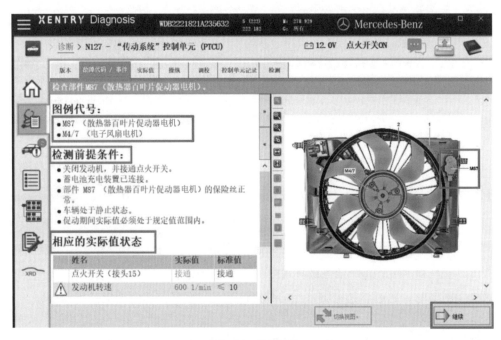

图3-47　检查M87

需要按照诊断电脑提示，一步一步操作检测完成即可。这就是奔驰诊断软件 XENTRY 的"故障代码引导检测"功能的使用方法。

3.3.4　用"故障代码引导检测"排除故障案例分享

案例：一辆奔驰 S500 车型，底盘是 222182 系列，客户反映的故障现象是电子风扇一直高速旋转，发动机噪声很大。根据客户的描述检查车辆，发现只要启动发动机，水箱电子风扇就开始以最大速度高速旋转，确认故障现象。

然后技师拔下电子风扇插头，用万用表开始测量数据，根据以往的经验测量电子风扇上的 4 根线：两根粗线、一根电源线 12.2V，正常；一根搭铁线 0.2Ω，正常；两根细线，一根供电线 12.1V，正常；一根信号线 1.5V，技师也判断为正常。根据测量结果，他判断肯定是电子风扇坏了，需要直接更换电子风扇。但技师更换完水箱的电子风扇后，试车发现故障依旧，还是高速旋转。

没办法了，只能请师傅帮助解决了，然后师傅使用奔驰诊断电脑，读取相关的故障代码，在电子风扇控制单元 N127 中，诊断电脑读取的故障代码是 P069214 电子风扇 1 的输出端对正极短路，存在对地短路或断路，如图 3-48 所示。

图3-48　故障代码

结合故障现象和故障代码可以分析一下故障原因，虽然引起电子风扇高速旋转的可能原因很多，例如冷却液传感器、空调系统压力、节温器、信号线、控制单元等，但是我们再结合故障代码，直接缩小了诊断范围，直接检查电子风扇相关的数据信息就可以了。那么问题来了，为什么先前的技师很自信地说："电子风扇的 4 根线都没问题，肯定是电子风扇问题，要不再换一个吧"？师傅没有听取先前技师的建议，而是在图 3-48 所示的界面点了一下"检测"按钮开始做故障引导检测，利用奔驰诊断软件 XENTRY 帮助我们维修车辆。

点击"检测"按钮后，界面就切换至图 3-49 所示的界面了。根据软件维修引导的逻辑首先询问技师，"部件 M4/7（电子风扇电机）是否处于紧急运行模式？"，只需如实告知就可以了，所以只需要选中并点击右下角的"是"按钮就可以了。

图3-49 询问选择

然后界面就会切换至图 3-50 所示的界面了，在这个图中我们可以看到故障原因分两大部分：一是 LIN 线信号方向；二是 B11/4 冷却液传感器方向。问题来了，不会 LIN 线测量怎么办，不会排除怎么办呢？这个问题的答案软件已经做好了，在图 3-50 中选中并点击"检查 LIN 信号"蓝色链接就可以了。

图3-50 可能原因选择

点击 "检查 LIN 信号"蓝色链接后，界面就会切换至图 3-51 所示的界面了。虽然这个界面是提示需要一个专用工具帮助测量信号线，但是大家不用担心，这个工具的目的是让部件正常工作时并联出许多的测量孔，方便测量线束的。如果我们没有这套专用工具，也是可以测量数据的，只需要在需要测量的针脚往外并线测量数据就可以了。

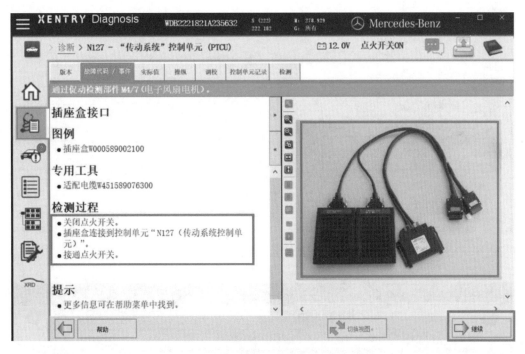

图3-51　专用工具

在图 3-51 中，点击右下角的 "继续"按钮就可以了，然后界面变成如图 3-52 所示的界面。在这个界面诊断软件会展示测量这根 LIN 线的方法步骤：①检测前提里会详细说明必须满足这些条件才可以检测。②通过检测教给我们具体测量方法，首先使用的是电压表测量数据，然后电压符号的左边是 N127 控制单元的 C 插头 4 号针脚是负极，右边是 N127 控制单元的 A 插头 16 号针脚是 LIN 信号线。③标准值取决于步骤②中测量的数据在不在正常范围内（如要找到 N127 的安装位置，直接点击书本形式的按钮）。

还记得之前技师测量的数据是多少吗？测量的信号线是 1.5V，从标准值来看，很明显不在标准范围内。此刻找到了问题点，信号线电压不对，造成电子风扇高速旋转。

之前的技师为什么说信号线的数据正常呢？一般按照经验来讲问题不大，因为以前很多车的电子风扇控制都是 PWM 信号，信号也是在 0 ~ 5V 之间变化，测得 1.5V 在正常范围内，所以按照维修经验就武断地判定信号没有问题。这里这位技师也给我们做了一个提醒，汽车维修经验仅供参考，因为汽车一直在更新换代，技术也在持续更新，所以修车排除故障还是要查资料看数据。

在图 3-52 中告知诊断软件测量的数据不正常，在右下角点击 "否"按钮，然后界面切换至图 3-53 所示的界面。在这个界面里，诊断软件告知我们 "可能的原因和补救措施"，也就是我们所说的解决方案。建议检查：① LIN 线问题。②插头插针是否接触不良。③前两个都没问题的话，更换 N127 传动系统控制单元。

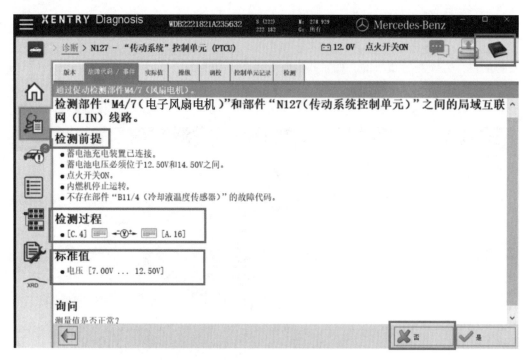

图3-52　数据测量

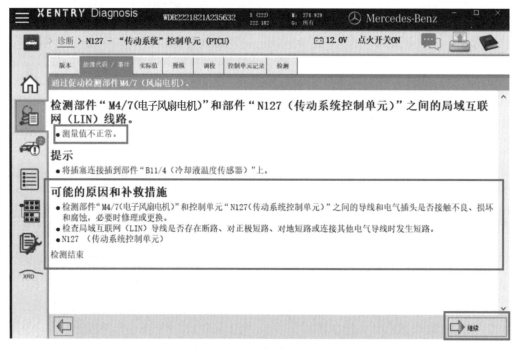

图3-53　解决方案

这个故障，经过师傅的测量和寻找，发现电子风扇的 LIN 线束有问题，电子风扇到 N127 之间线束有一处几乎断路了。原因是线束扎带扎破黑黄色 LIN 线线束后进水腐蚀导致故障，如图 3-54 所示。最后师傅按照工艺重新修复好线束后，故障得到彻底解决。

针对"故障代码引导"维修解决这个电子风扇高速旋转的故障案例，我们把这个实用功能来延伸一下。其实奔驰诊断软件 XENTRY 的诊断逻辑也是我们平时维修故障的维修思路。请看如图 3-55 所示的电子风扇的电路图，从图上我们不难看出 C 插头的 4 号针脚是 N127 控制单元的搭铁线，A 插头的 16 针脚是 N127 控制单元的 LIN 线。这样就和我们之前的"故障代码引导"逻辑对上了。测量后就把故障锁定在 LIN 线问题了，分析电路图看出，N127 → LIN 线→电子风扇，就

图3-54　线束腐蚀

是这几个问题。当然如果没有电路图基础，那么我们只需要掌握好奔驰诊断软件 XENTRY 的"故障代码引导性测试"功能，按照奔驰诊断软件 XENTRY 的逻辑一步一步地测量，排除车辆故障也是很快很方便的。这个软件的"故障代码引导性测试"功能操作方法，只要大家多加练习一定能够很快掌握。

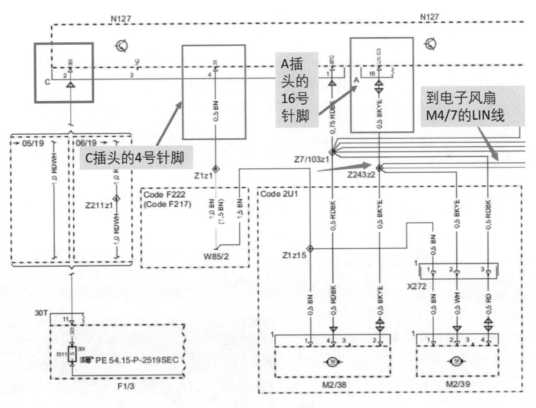

图3-55　电路图

3.4　实际值

3.4.1　实际值界面

技师可以在该选项卡中查看相关控制单元所有可用的实际值，如图 3-56 所示。实际值是分析故障原因很重要的数据。并且标注的标准值范围，也是诊断排除故障很重要的参考数值。

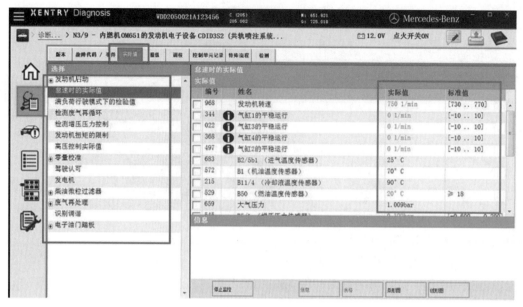

图3-56 实际值

3.4.2 用实际值排除故障案例分享

案例：一辆奔驰 GLK300 车，204981 车型，装配 M272948 发动机。客户反映早上不好启动车辆。接到此车后，技师尝试着启动车辆，可以一次轻松地启动车辆，未发现任何异常。因为故障没能再现，所以不能盲目地进行下步的诊断。接着用奔驰诊断电脑做快速测试读取相关的故障信息。在发动机控制单元中有燃油压力低的故障。故障代码是"2301 燃油低压回路中的压力过低"，如图 3-57 所示。

ME（发动机电子设备）- 内燃机"M272"的发动机电子设备"ME97"（N3/10）				
梅赛德斯-奔驰硬件号	003 446 77 40	诊断标识	8/25	
供应商ID	3	供货商	Bosch	
控制单元型号	M272_KE_VC17	软件梅赛德斯-奔驰号（代码）	272 902 00 00	
软件的梅赛德斯-奔驰号（数据）	272 903 30 00	数据状态	6K17070CS0000	
多路转换器 序列号	00 19 20 51			
故障	文本			状态
2301	燃油低压回路中的压力过低。			S

图3-57 故障代码

根据故障代码指导检查燃油压力和燃油压力传感器。由于对此故障没考虑太多，只考虑到早上不好启动车，现在一次就能启动，再结合故障代码，是不是燃油系统不保持压力？或者燃油压力传感器报出了虚假的故障？然后技师就连上燃油压力表测试燃油系统保持压力情况。车辆静止后，看到燃油压力从 380kPa 慢慢地下降，3 ~ 4h 一直降到 200kPa 左右，期间查看燃油压力的实际值和燃油压力表测得的值一样。这就怪了，燃油压力系统，压力保持没什么异常，压力传感器测得的数据也是正常

图3-58 燃油滤清器

的，怎么会报出"2301　燃油低压回路中的压力过低"。是不是测量的时间有些短呢？当要继续测试时，客户晚上有事，不同意把车留厂。没时间继续测试，故障现象又试不出来，只能看到有"2301　燃油低压回路中的压力过低"。难道说是把车放到第二天燃油压力会变得非常低？那故障点可能在汽油滤清器了，因为汽油滤清器有燃油压力保持阀，并且此款车的汽油滤清器上集成了燃油压力传感器（图3-58），所以决定先换个汽油滤清器让客户回去试试吧。这样做有两点考虑：①可以排除燃油压力传感器的问题。②可以排除汽油滤清器不保持压力的问题。

过3天后，客户再次来厂，反映故障依旧。这次连上奔驰诊断电脑做全车快速测试读取相关的故障信息，在发动机控制单元中依然有燃油压力低的故障，"2301　燃油低压回路中的压力过低"。怎么还有压力低的故障呢？汽油滤清器的保压阀和压力传感器已经被排除了，那么接着检查喷油器，拆下喷油器后也没有发现异常。也没发现喷油器有泄漏的现象。故障不应是在压力低的地方，应转移方向。

随后和客户一起认真沟通，客户说只要用车早上都要启动5～6次，并且启动车辆后一加油门就熄火。每次都要让车辆原地怠速运转几分钟才能正常开。一旦正常后一天内再也不会出现启动不着了。根据客户的描述，把车放了一夜后，第二天去启动车，启动时打第一次油压就升至380kPa，很正常。再启动第4次时，车有启动的感觉，启动第6次时，车勉强着了，但是此时稍加油门就熄火了。再次打着后，让车运转5min后，故障就消失了。

由于故障消失了，只好再把车放到第二天了，上面排除了油路系统供油的问题，下面就把诊断方向转到发动机。当出现故障现象不好启动车辆时，检查喷油和点火系统，均未发现异常。有喷油、点火为什么发动机不能启动，难道是混合气的问题？天气太冷混合气太稀？为了验证判断，当故障出现时，启动车辆往进气道喷助燃剂，发现可以很顺利地启动车辆。问题很明显了，就是混合气太稀才导致了早上启动车辆困难。

那么是什么原因导致了在冷启动时混合气稀呢？是不是发动机内积炭太多，汽油油质不好，再加上天气太冷，汽油雾化不好，导致冷启动时不好启动发动机呢？用内窥镜看几乎没有多少积炭；出现此故障后已经加了几次汽油，也不是油质影响的故障，天气再冷也不至于要启动5～6次才能启动发动机。

下面就考虑软件控制的问题，是不是发动机控制单元冷启动的控制程序错乱导致了故障？接着对发动机控制单元进行升级后，故障依旧。实在没办法了，根据故障代码引导维修不好解决问题了。当

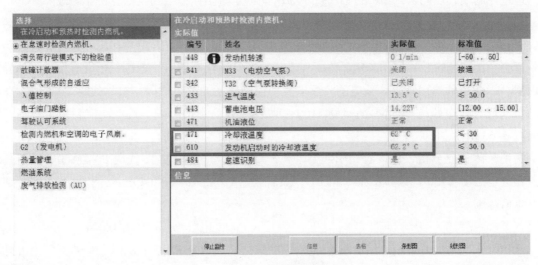

图3-59　异常实际值

技师仔细查看和对比发动机一些实际值时，突然发现一个异常的数据。如图3-59所示，车辆还没有启动，冷却液温度怎么是62℃呢？再说当时的室温最多8℃。然后技师摸了下发动机，非常冰凉，温度不会超过15℃。

查看仪表的水温表指示仪表水温也是60多℃，如图3-60所示。这太不正常了，肯定是冷却液温度传感器出故障了。测量冷却液温度传感器线路均正常。换一个新的冷却液温度传感器后，水温表指针落到底了，并且一次就启动着车了，故障消失了。再换上原来的冷却液温度传感器，依然是不好启动。至此找到了故障的根本原因，由于冷却液温度传感器发出了错误的信号和实际不相符合的冷却液温度，造成了早上不好启动车辆。更换新的冷却液温度传感器后（图3-61），故障彻底排除。

图3-60　水温表指示

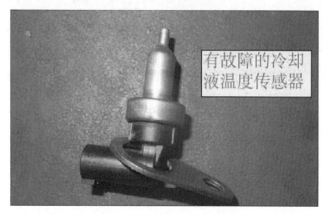

图3-61　冷却液温度传感器

这个故障案例是典型的通过奔驰诊断软件XENTRY的实际值分析来诊断排除故障的，所以在没有故障代码或者故障代码引导作用不大时，我们一定要多看实际值、多分析实际值、多对比实际值。实际值可以为分析排除车辆故障提供很大帮助。

3.5　促动

3.5.1　促动界面介绍

技师可以在该视图中执行各种促动，然后让部件强制性工作。如图3-62所示，例如可以激活燃油泵，跨过控制端，以此来判断执行器（燃油泵）能否正常工作，帮助技师分析排除故障。

3.5.2　用"促动"排除故障案例分享

案例：一辆奔驰车C200且车辆识别号为205142，配置的发动机为M274920。客户反映发动机故障灯一直亮。接到车辆后，启动车辆后除了发动机故障灯亮没有别的故障灯，也没有发现其他异常的故障现象。接着技师连接奔驰诊断电脑，读取发动控制单元的故障代码：故障代码P06DA00发动机的机油泵阀门存在电路故障或断路；U043100接收到来自前部信号采集及促动控制模组的不可信数据，如图3-63所示。

从两个故障代码分析，可以看出引起发动机故障灯亮的为当前故障代码P06DA00。根据其故障指导需要进行激活Y130（发动机油泵阀门），然后测量电压，如图3-64所示。打开和关闭分别对应两个电压值范围。

经过激活Y130（发动机油泵阀门），然后测量的电压实际值为0.02V（标准值范围是1.00～2.00V），显然不正常。结合促动后测量的数据然后再查看电路图（图3-65），分析可能的原因有3点：①连接的线路故障。②Y130（发动机油泵阀门）损坏。③发动机控制单元损坏。

图3-62　促动列表

ME - Motor electronics 'MED40' for combustion engine 'M274' (N3/10)			-F-
MB object number for hardware	274 901 12 00	MB object number for software	270 904 07 00
MB object number for software	274 902 56 00	MB object number for software	274 903 12 02
Diagnosis identifier	02383B	Hardware version	12/12 000
Software version	12/11 000	Software version	14/14 000
Software version	14/23 000	Boot software version	12/11 000
Hardware supplier	Bosch	Software supplier	Bosch
Software supplier	Bosch	Software supplier	Bosch
Control unit variant	MED40_VC11		

Fault	Text		Status
P06DA00	The actuation of the valve of the oil pump in the combustion engine has an electrical fault or open circuit. _		A
U043100	Implausible data were received from the front signal acquisition and actuation module. _		S

A=CURRENT, S=STORED

图3-63　故障代码

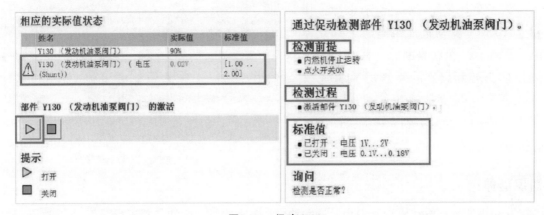

图3-64　促动Y130

接着技师进行测量，在发动机外壳上拔下 Y130（发动机油泵阀门）的插头，测量 1 号针到发动机控制单元的 28 号针电阻为 0.2Ω，并且无断路、无短路，正常。测量 Y130（发动机油泵阀门）插

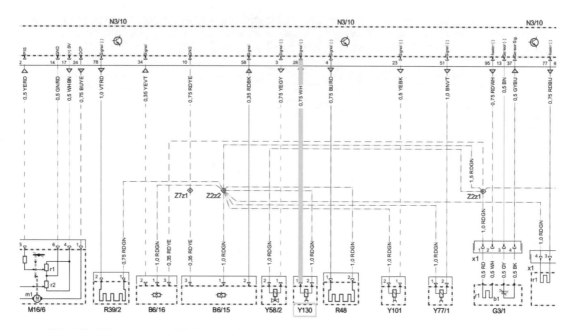

M16/6.节气门激活器　M16/6m1.节气门促动电机　M16/6r1.实际值电位计　M16/6r2.实际值电位计　R39/2.满负荷运行通风管加热元件　B6/15.进气凸轮轴霍耳传感器　B6/16.排气凸轮轴霍耳传感器　Y58/2.部分负荷运行模式曲轴箱通风系统气门　Y130.发动机油泵阀门　R48.冷却液节温器加热元件　Y101.旁通空气转换阀　Y77/1.增压压力控制压力变换器　G3/1.催化转换器下游的左侧氧传感器　N3/10.发动机控制单元　Z2z2.端子87M节点

图3-65　Y130电路图

头的 2 号针电源电压为 12V，正常。然后在断开 Y130（发动机油泵阀门）插头的情况下测量 1 号针和 2 号针的电阻为 OL，断路，显然是不正常的，这是 Y130（发动机油泵阀门）内部断路造成的故障。此刻找到了问题点。

拆下发动机的油底壳发现 Y130（发动机油泵阀门）到发动机壳体还有一截线（图3-66）。为了防止装配好后还会有故障，技师测量了 Y130（发动机油泵阀门）到壳体的线束，发现有一个线是断路。仔细检测发现在壳体插头处断路。需要修复 Y130（发动机油泵阀门）到壳体插头的线束。修复 Y130（发动机油泵阀门）到壳体插头的线束后故障排除。

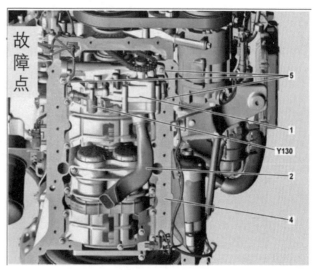

1.油泵　2.吸油管　4.曲轴箱　5.螺钉/螺栓　Y130.发动机油泵阀

图3-66　Y130安装位置

知识延伸：

可控发动机油泵：发动机油压力是通过发动机油泵上的发动机油泵阀进行调节的，这使机油压力根据需要从 390kPa 转换至 170kPa，按规定要求最优调节发动机油回路中的机油供给。同时，发动机油泵的能量损失和导致的发动机功率损失也随之降低，可进一步节约能源。

机油泵电器控制：如图 3-67 所示，Y130（发动机油泵阀门）由 ME 控制单元（N3/10）根据特性

104 ▶▶▶

图谱（发动机转速和载荷）用接地信号促动，然后以电控液压方式控制发动机油泵在其液压控制的最大供油压力之间转换，从而按规定的要求优化对发动机油回路的机油供给。

机油泵机械操作：通过控制信道提供的发动机机油压力在先导控制阀处得到调节，并在相对控制弹簧力的作用下相应作用于定位环上。在定位环位置产生相应的相对转子转轴的离心率，使供油量随着离心率的增加而增加。

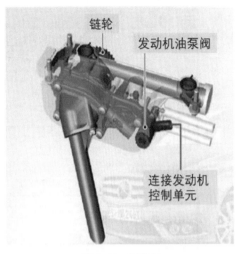

图3-67　机油泵

3.6　调校

技师可以在该选项卡中调试新的控制单元、更新软件或启动各种示教过程（若需要），如图 3-68 所示。注意：调试和更新控制单元时，需要使用 XENTRY 在线用户账号。技师可以在启动 XENTRY 时或者在开始调试 / 更新过程之前登录该账号。

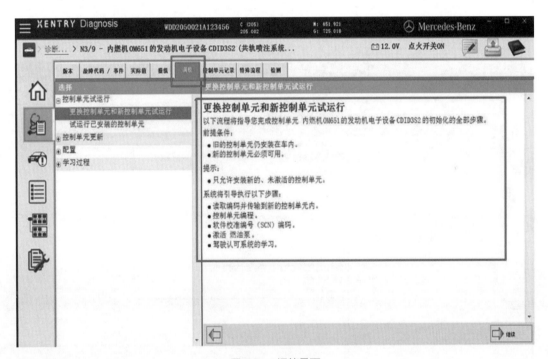

图3-68　调校界面

3.7　控制单元记录

可以在这里保存关于损失情况的说明或记录。为此，需要填写所有输入栏，然后点击"继续"按钮，如图 3-69 所示。此视图常用于厂家保修配件进行信息搜集使用。

3.8　特殊流程

技师可以在这里访问控制单元特有的专用流程，如图 3-70 所示。在实际工作中，使用频率并不高。

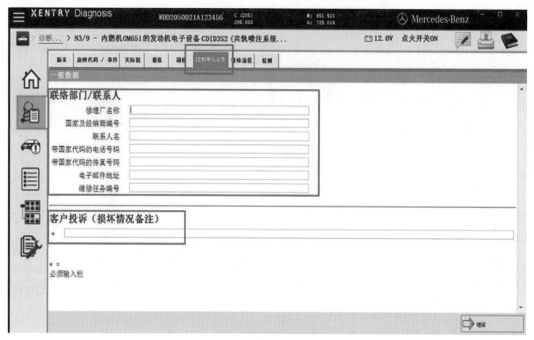

图3-69　控制单元记录

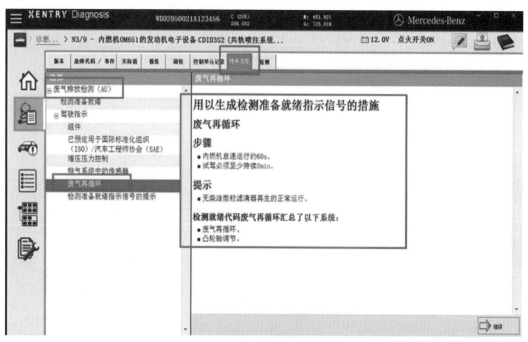

图3-70　特殊流程

3.9　检测

3.9.1　检测界面介绍

可以在该选项卡中查看相关控制单元可用的检测，如图3-71所示。技师可以自行在这里进行这些测试，无须给出特定的故障代码/事件。也就是奔驰诊断软件XENTRY自己的检测逻辑，帮助技师提高维修诊断效率。

图3-71　检测列表

3.9.2　用"检测引导"排除故障案例分享

关于奔驰诊断软件 XENTRY 中"检测"窗口的内容在车间应用还是很多的。主要应用在对某个电器部件工作原理和测量不了解，在这里就可以通过"检测引导"判断传感器或者执行器是否有问题。

案例：一辆奔驰 212148 车型，客户反映发动机故障灯亮，技师读取相关的故障代码，报的是"燃油压力低"，通过故障引导也没引导出来什么有用的信息。那么是不是燃油压力传感器有问题呢？但是对于这个传感器工作原理、测量方法、电路图等都不知道，此时就可以应用诊断软件进行"检测引导"了。

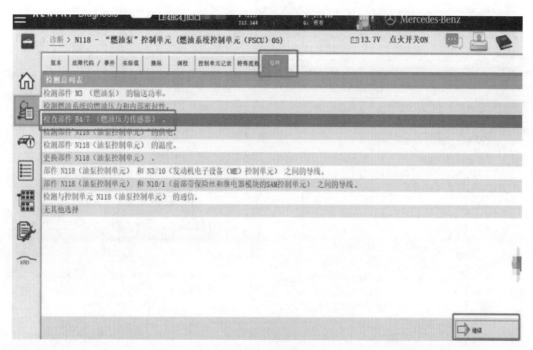

图3-72　检测窗口

如图3-73所示,技师使用诊断电脑进入"N118燃油泵控制单元",点击"检测",点击"检查部件B4/7燃油压力传感器",然后点击"继续"按钮,进行"检测引导"帮助技师完成故障诊断。

在图3-73中,点击完"继续"按钮后,界面就变成图3-74的界面了。从图上看到需要我们连接压力表读数值,然后与诊断电脑读的压力值对比,如果实际值不正常,直接点击"否"按钮就可以了。

在图3-73中点击"否"按钮后,界面就切换成图3-74的界面了。从图中我们可以看到诊断软件指导我们首先测量传感器供电是否正常,从界面还可以看到压力传感器的安装位置和具体的测量方

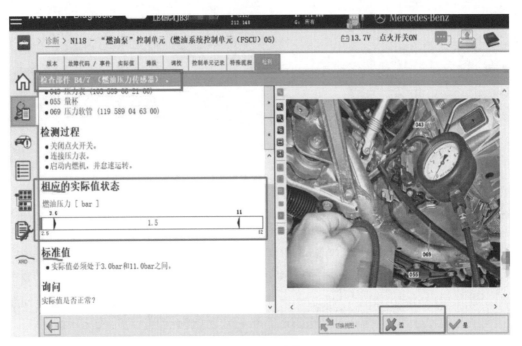

图3-73 压力值

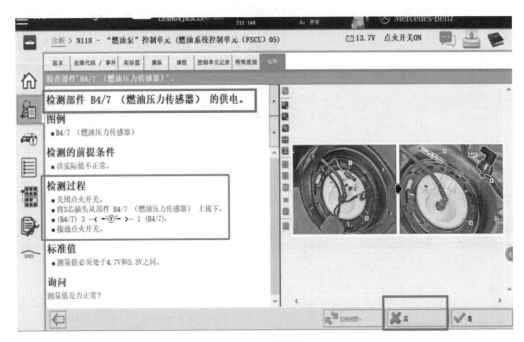

图3-74 供电测量

法。例如，需要测量燃油压力传感器 B4/7 的 3 号针脚和 1 号针脚之间的电压，从这个指导也可以分析出 3 号针脚是传感器的搭铁线，1 号针脚是传感器的电源线。当时此车测量的电压是 0.6V，数值很明显不在标准值 4.7 ~ 5.3V 的范围内，所以在此界面点击"否"按钮。从给出的标准值范围也可以分析出，此款车的燃油压力传感器 B4/7 的理论供电电压是 5V。

然后界面就切换成图 3-75 所示的界面了。既然没有供电，要么是搭铁问题，要么是电源问题，那就要顺着线束往上找了。接着看诊断软件怎么指导我们进行下面的测量。从图 3-75 来看，诊断软件让我们测量燃油压力传感器 B4/7 到燃油泵控制单元 N118 之间的线束是否正常。从图上还可以看到

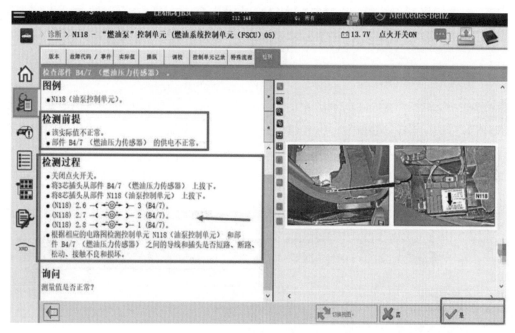

图3-75　线束测量

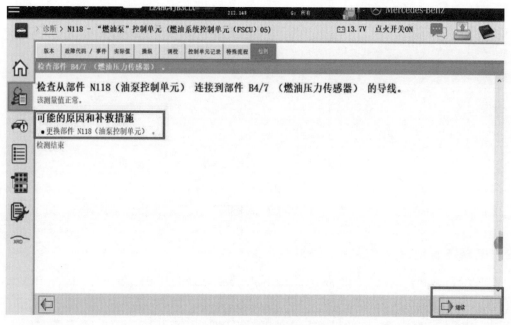

图3-76　维修建议

燃油泵控制单元 N118 的安装位置和具体的测量针脚说明，这里就不再赘述了。

我们维修的这辆车，因为技师按照诊断软件的指导一步一步地测量线束，没有发现问题，所以在图 3-75 中的右下角点击"是"按钮。点完后界面就切换成图 3-76 的界面了。从图上可以看出诊断软件会给出维修建议：在测量的从部件 N118（油泵控制单元）连接到部件 B4/7（燃油压力传感器）的导线没问题的前提下，建议更换 N118 燃油泵控制单元来解决问题。最后点击"继续"按钮结束排除故障检测指导。

我们的这辆车在更换 N118 燃油泵控制单元后，故障再也没有出现。

4. 通过奔驰诊断软件XENTRY查找全车保险丝继电器说明、前SAM和后SAM控制单元与相关部件安装位置、针脚布置图和电路图

4.1 信息窗口知识内容

平时我们在工作中，经常会在遇到排除车辆故障时，查找相关资料的问题。例如，查找部件的电路图、电脑插头说明、部件安装位置、保险丝位置及说明、继电器位置及说明等。今天和大家分享一下这些资料如何能够快速地找到，并且帮助我们提高诊断汽车故障的效率。这些资料虽然在奔驰维修资料查询软件 WIS 中可以查到，但是在奔驰诊断软件 XENTRY 中可以更轻松、更快捷地查询出来，如图 3-77 所示。

图3-77　信息窗口

4.2 电路图查询

在工作中经常遇到查询电路的问题，那么如何快速高效地查到电路图呢？如图 3-78 所示，首先我们在打开的奔驰诊断软件 XENTRY 中，进行全车快速测试，然后点击界面右上角的"信息"按钮。

然后界面如图 3-79 所示，在此界面点击"电路图"即可，点开其前面的"＋"符号。

图3-78 快速测试界面

图3-79 信息窗口

电路图前的加号点开之后，就可以进行筛选，找到想需要的电路图。如图 3-80 所示，我们可以根据自己的需求进行选择。图中有 N10/6 电路图、整车电路图、仪表板电路图和车身电路图等。大家可以根据自己的诊断电脑，进行尝试点开练习。

在此向大家展示一下点开后可以看到的电路图形式，我们尝试点击图 3-80 中电路图链接"PE54-21-P-2114-97SEB"，界面就会如图 3-81 所示。

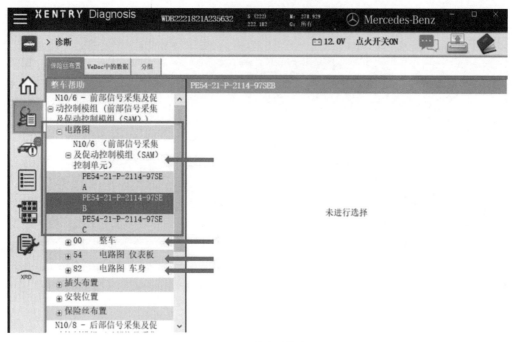

图3-80　电路图筛选

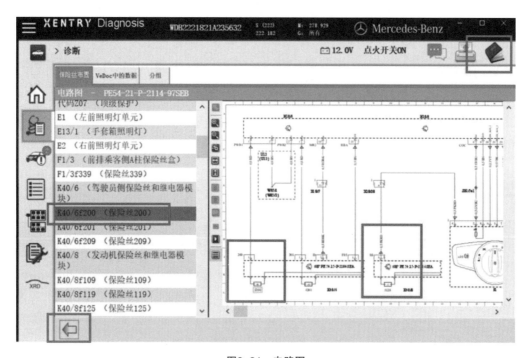

图3-81　电路图

注意：如要返回开始的快速测试界面，我们只需要再次点击右上角的书本形状的图标就可以了，如若后退一步，直接点击左下角的箭头即可。

4.3　插头说明查询

在工作中，我们需要知道或者掌握一个控制单元上插头的具体含义或者说明。通过奔驰诊断软件XENTRY，也可以很快查询到插头针脚说明。下面我们以一个真实的奔驰故障案例为例来说明一下。

例如，我们遇到一辆奔驰 S500（222182）车型，故障现象是车辆仪表上有制动油液位报警的信息。技师查看制动油壶中，制动油液位正常，制动油的含水量也在正常范围之内。虽然技师知道液位传感器是开关原理，用万用表测量液位开关的电阻值正常，排除了液位开关，但是技师之前没有维修过此类车型，不知道液位开关的两条线去哪里了。此时维修陷入了困局。

相信这个故障大家并不是不会维修，只是不能快速找到制动油液位开关的电路图，或者找到的相关电路图看不懂而已。那么我们不但可以用奔驰诊断软件 XENTRY 快速地找到插头针脚说明，直接找到线去了哪里，而且还不用研究麻烦的电路图。现在我们来看一下如何找到制动油液位开关去向的针脚说明的详细操作步骤。

首先我们在快速测试界面点击书本形状的图标，如图 3-82 所示。

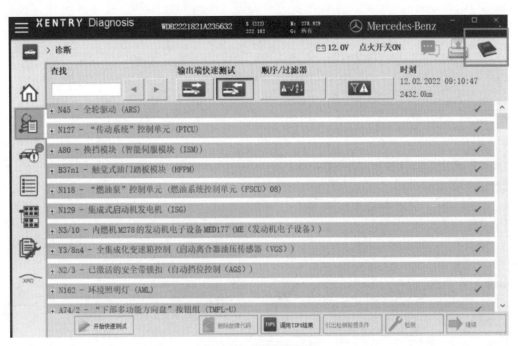

图3-82　快速测试界面

然后在新的界面，点击"N10/6"，点击"插头布置"，点击"控制单元 N10/6 上的插头位置"，如图 3-82 所示。

然后在弹出的新的界面，如图 3-84 所示，点击"MR1：控制单元 N10/6 上的插头 MR1"，这个链接就是 MR1 插头的详细说明书。在图 3-84 中的右侧部分，还详细地标示出了 MR1 插头的具体位置。其他插头链接原理类似，都是关于其相关插头的解释。

完成上述步骤之后，就会显示我们需要查找的 S11 制动液液位开关资料了，如图 3-85 所示。从图 3-85 中我们可以很轻松地看出，插头 MR1 的 11 号针脚是 S11 制动液液位开关的接地线，12 号针脚是 S11 制动液液位开关的信号线。再结合图 3-83 中的右侧部分，我们也可以很轻松地在车上找到 11 号和 12 号针脚的具体位置。

通过这一系列的查找资料，那么我们在维修奔驰 S500 制动液位报警时，就能够很轻松解决了。相信大家看完上述步骤后，自己也会很轻松地操作奔驰诊断软件 XENTRY，进行查找控制单元针脚布置说明了。

注意：如要返回开始的快速测试界面，我们只需要再次点击书本形状的图标就可以了。如若后退一步，直接点击左下角的箭头即可。

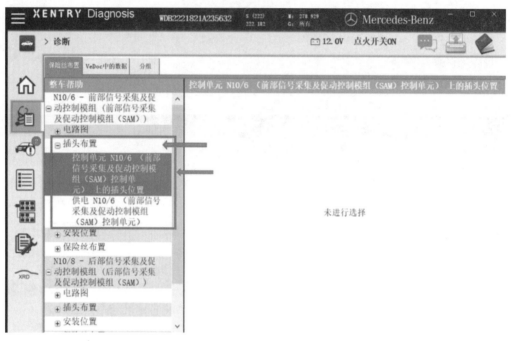

图3-83　插头布置选项

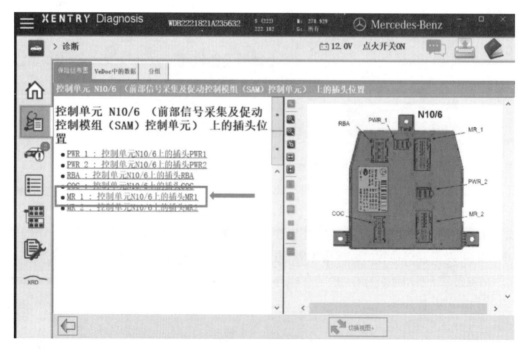

图3-84　插头列表

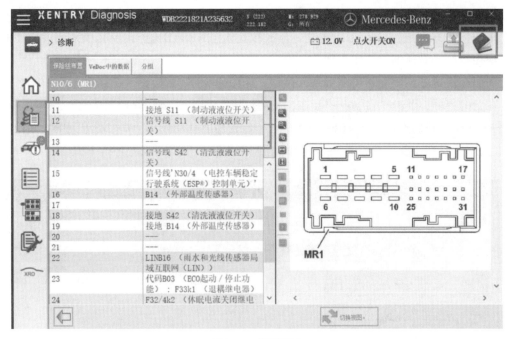

图3-85　针脚说明

4.4　部件安装位置查询

对于排除制动液位报警的案例，查询了 N10/6 的插头 MR1 的针脚说明。有的技师说：
"整体的查询步骤学会了，关于针脚的说明也明白了，那么请问这个 N10/6 控制单元在车上哪里装着呢？因为对这个车型修得少，没有太多经验，所以实际上自己独立操作找到 N10/6 控制单元在车上的位置，并排除故障还是有困难的。"

在实际的车辆诊断工作中，我们经常会遇到查找控制单元安装位置或者部件的安装位置的问题。例如，刚提到的 N10/6 控制单元的安装位置，或者技师遇到的故障代码是"部件 B95 信号不可信"，

图3-86　快速测试界面

那么这个部件 B95 是什么? 它又装在哪里?

接下来我们就来解决这个问题, 通过用奔驰诊断软件 XENTRY 查找控制单元或者部件的具体安装位置, 现在我们来看详细的操作步骤。

首先我们在快速测试界面点击"信息"按钮, 如图 3-86 所示。

然后在新的界面, 点击"N10/6", 点击"安装位置", 点击"N10/6 控制单元", 如图 3-87 所示。

在图 3-87 中, 我们点击完"N10/6 控制单元"后, 界面就变成 N10/6 控制单元的安装位置图了, 如图 3-88 所示。从图中我们可以看到, N10/6 控制单元装在车辆左侧 A 柱的下方。

图3-87　安装位置列表

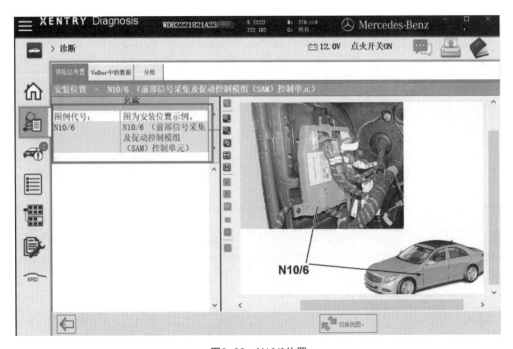

图3-88　N10/6位置

当然，除了可以查看控制单元安装位置以外，还可以查看部件安装位置，例如我们在图 3-87 中点击"B95（蓄电池传感器）"，界面就变成 B95 蓄电池传感器的安装位置图了，如图 3-89 所示。从图中我们可以看到，B95 蓄电池传感器装在车辆的后备箱蓄电池的正极上。

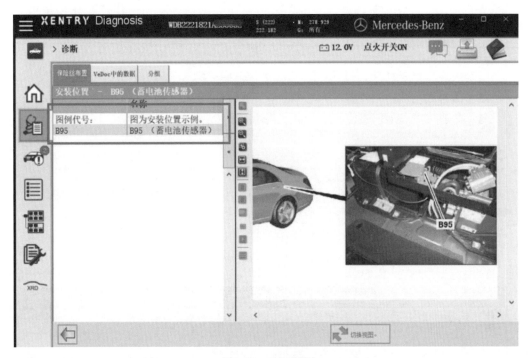

图3-89　B95位置

注意：如要返回开始的快速测试界面，我们只需要再次点击图中右上角的"信息"按钮即可，也就是把书本按钮合上就可以了，如若后退一步，直接点击左下角的箭头即可。

4.5　保险丝布置说明查询

在工作中，技师们经常遇到查找保险丝说明的问题，例如技师想要查找点烟器保险丝的安装位置、雨刮电机保险丝的安装位置等，下面我们就研究一下如何利用奔驰诊断软件 XENTRY 进行查找保险丝。

以一个案例为例说明一下。案例：一辆奔驰 S500（222182）车型，客户反映车辆在启动后仪表显示屏所有的灯全亮，但是发动机转速和车速表不会变化。操作方向盘的按键时，仪表上也没有任何变化。

技师接到车辆后初步怀疑是仪表卡机导致的故障现象，想着给仪表断一下电源试试。因为技师维修此类车型不多，担心全车断电会出现异常情况，所以还是单独给仪表断电比较妥当。那么仪表的保险丝在车辆上的哪个位置呢？

下面我们来帮助他解决此问题，利用奔驰诊断软件 XENTRY 进行查找仪表保险丝的安装位置。首先在快速测试界面点击"信息"按钮，如图 3-90 所示。

然后在弹出的界面，点击"N10/6 前 SAM"，点击"保险丝布置"，点击"保险丝和继电器模块前部"，如图 3-91 所示。

图3-90　快速测试界面

图3-91　保险丝选项

在图3-92中的右侧部分可以看到保险丝模块的具体安装位置，非常方便我们查找。我们要找的仪表保险丝在K40/6（左侧保险丝和继电器模块）里面，只需要点击"K40/6"按钮就可以了。

点完"K40/6"按钮后，界面就变成我们要找的资料了，如图3-93所示，f208就是仪表的供电保险丝，详细的安装位置在图的右侧部分标注得非常具体，相信大家一定可以轻松找到。

技师根据上述步骤，找到仪表的保险丝f208，拆下208号保险丝，断电10min后装上保险丝并恢复所有拆装的部件，测试车辆功能一切正常，多次试车也没有再出现故障，问题得到解决。相信大家也已经掌握了，通过奔驰诊断软件XENTRY掌握了全车保险丝详细安装位置的查找步骤。

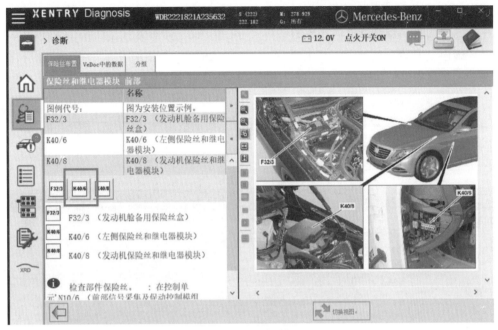

图3-92　模块选择

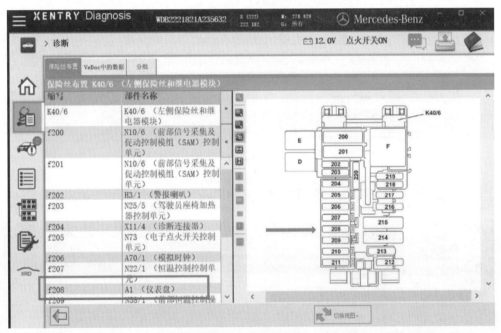

图3-93　保险丝说明

注意：如要返回开始的快速测试界面，只需要再次点击右上角的"信息"按钮即可，也就是把书本按钮合上就可以了，如若后退一步，直接点击左下角的箭头即可。

4.6　继电器布置说明查询

我们已经掌握了奔驰保险丝安装具体位置的查询，那么相关部件的继电器说明，或者继电器的详细安装位置，又该怎么查询呢？具体的操作步骤是什么呢？

下面我们来看一下，奔驰继电器的具体安装位置查询步骤。以查找奔驰 222182 车型，后窗加热

视频二维码

装置继电器为例进行演示。首先在快速测试界面点击"信息"按钮，如图3-94所示。

然后在新的界面里，点击继电器布置的"+"，点击"继电器布置"，如图3-95所示。

点击完"继电器布置"按钮后，界面就变成了图3-96所示的界面。在图的右侧部分详细地展示出了继电器盒的具体安装位置。因为我们要找的是后窗加热装置的继电器，所以我们在此界面直接点击"K40/5（后排保险丝和继电器模块）"按钮。

点击"K40/5（后排保险丝和继电器模块）"按钮后，界面就是我们要找的资料了，如图3-97所示。从图中我们可以看到，在K40/5中的"T"位置，就是我们要找的后窗加热继电器。

图3-94　快速测试界面

图3-95　继电器选项

图3-96　模块选择

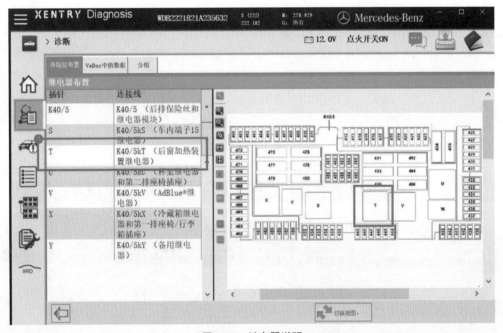

图3-97　继电器说明

从上面的步骤可以看出，找到全车继电器的详细位置说明的操作步骤是非常简单的，大家多加练习就能很快掌握了。

注意：如要返回开始的快速测试界面，我们只需要再次点击右上角的书本形状的图标就可以了，如若后退一步，直接点击左下角的箭头即可。

5. 通过奔驰诊断软件XENTRY查找单个控制单元安装位置、针脚布置图和电路图

我们已经分享了整车资料的查询，例如保险丝继电器说明、前SAM的针脚说明、电路图等，那么应该怎样查找单个控制单元的相关资料呢？例如查询燃油泵控制单元的安装位置或者它的针脚说明，按照之前所描述的方法，很不好找到想要的资料。或者说怎么也找不到需要的资料，那么该怎么办呢？现在我们就来与大家分享一下，怎样查询一个控制单元的相关资料。例如技师就想查找空调控制单元的安装位置、针脚布置、电路图和空调系统相关部件的具体装配位置，该怎么查找呢？下面和大家一起来探讨学习。

5.1 单个控制单元电路图查找

在排除车辆故障的工作中，技师经常会遇到需要查找某个控制单元的电路图，这个电路图不但在奔驰维修资料查询软件WIS中可以查找，而且在奔驰诊断软件XENTRY中也是可以轻松查找的。例如，一辆奔驰S500（222182）车型，客户反映仪表水温高温报警。在维修厂初步排查是发动机散热电子风扇不工作，进而导致的发动机水温高。初步排查电子风扇的供电和搭铁正常，信号线电压是11.8V。当时技师怀疑是电子风扇的问题。更换电子风扇后，故障依旧。此时就需要查询电子风扇控制单元的电路图，然后才能进一步分析和排除故障。

我们来看一下电子风扇电路图（或者控制电子风扇控制单元电路图）的查找方法。首先我们需要用奔驰诊断软件XENTRY在快速测试界面，进入电子扇的控制单元N127传动系统里。如图3-98所示，点击"N127传动系统控制单元"，点击右下角的"继续"按钮。

操作完上述步骤后，在此界面点击右上角的"信息"按钮，如图3-99所示。

点击"信息"按钮后，界面切换成如图3-100所示的界面。此界面有两个选项：①"查找部件"

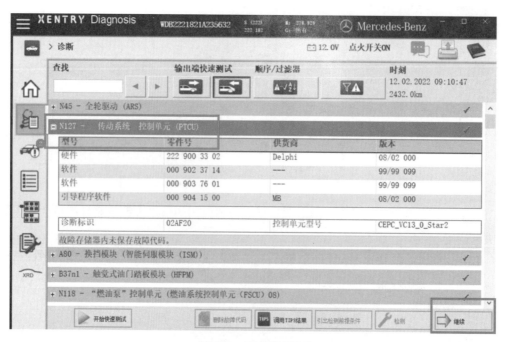

图3-98　快速测试界面

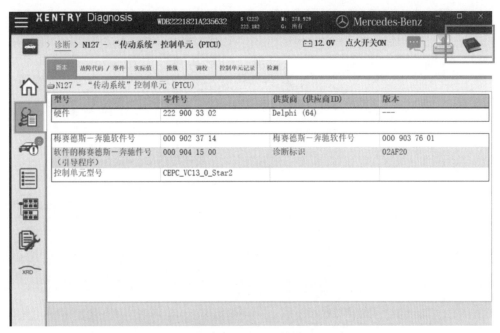

图3-99　N127控制单元

图3-100　电路图选项

表示可以快速查询某个部件的电路图。②"电路图"是指关于控制单元 N127 全部电路图，若要查找单个部件的电路图，只需在电路图中查找就可以了。

我们用第一种方法进行演示，点击"查找部件"按钮，界面变成如图 3-101 所示的界面。在此界面可以输入电子风扇的代码"M4/7"或者直接点击"M4/7"也是可以的，然后点击"查找"按钮就可以了。

按照上述步骤操作完成后，界面就变成了我们需要查找的电子扇电路图资料了。如图 3-102 所示，从图中我们可以看出 M4/7 电子风扇的信号线，是由 N127 的 16 号插针发出的 LIN 信号，来控制电子风扇的转速的。

图3-101　查找部件

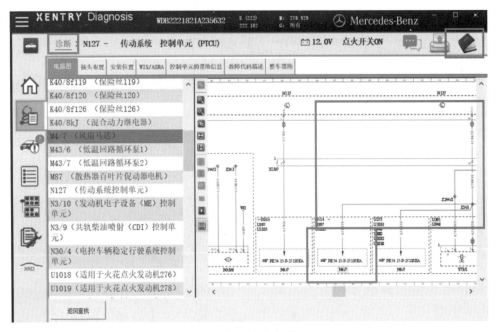

图3-102　M4/7电路图

技师在分析了电子风扇的电路图后，决定测量一下M4/7的LIN线信号波形。经过测量发现，信号线波形一直是一条直线；诊断电脑激活电子风扇，它的波形也没有变化，经分析推测信号线对正极短路了。技师检查线束时果然发现了问题，处理完对正极短路的故障线束后，经过功能测试，电子风扇功能一切正常，车辆故障得到排除。大家按照上述步骤多加练习，慢慢就会掌握查询方法，贵在坚持练习。

注意：①如果不想看此界面内容了，想要返回看此控制单元的"实际值"或者"操纵"等，只需要点击右上角的"信息"按钮就可以了。如若后退一步，直接点击左下角的"返回查找"即可。②如果不想看此界面内容了，想要返回看其他控制单元的资料，只需要点击左上角的"诊断"按钮就可以了。

5.2 单个控制单元插头布置查找

技师在诊断车辆排除故障时，拆下一块控制单元，那么这个控制单元上的所有线束或针脚分别代表什么含义呢？下面我们来解决这个问题，查找控制单元的针脚含义。首先需要用奔驰诊断软件 XENTRY 进入这个控制单元，例如我们选中"N127 传动系统控制单元"，点击右下角的"继续"按钮，如图 3-103 所示。

点完"继续"按钮后，界面进入了 N127 传动系统控制单元，此时点击界面右上角的"信息"按钮，如图 3-104 所示。

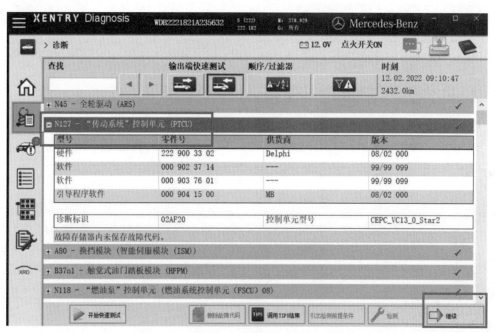

图3-103 快速测试界面

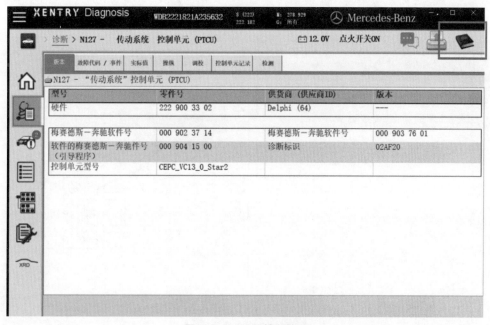

图3-104 N127控制单元

点击"信息"按钮后，界面切换成如图 3-105 所示的界面。在此界面点击"插头布置"，然后选出相应的插头选项，就可以查看我们想要的针脚说明资料了。插头 A/B/C，可以理解为 A 号插头、B 号插头或 C 号插头。也可以认为是 1 号插头、2 号插头、3 号插头。

我们以插头 C 向大家做展示，点击"插头 C"，诊断软件会向我们展示插头 C 的详细说明，具体详细信息如图 3-106 所示。

从图中我们可以看到，左侧部分详细说明了针脚 1 ~ 4 的具体含义，右侧部分详细指出了插头

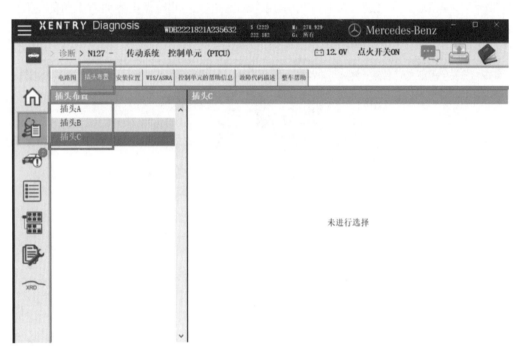

图3-105　插头选项

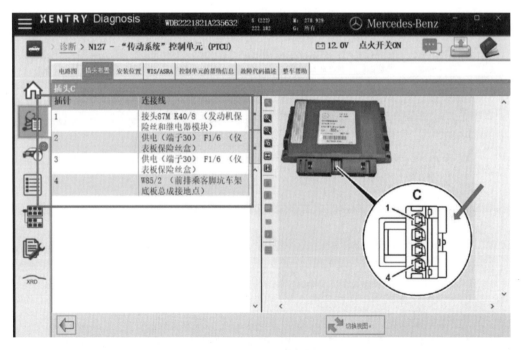

图3-106　针脚说明

C 的具体位置和插针 1～4 的具体位置。资料上这样详细的说明，可以很好地帮助我们进行车辆故障诊断。

注意：①如果不想看此界面内容了，想要返回看此控制单元的"实际值"或者"操纵"等，只需要点击右上角的"信息"按钮就可以了。如若后退一步，直接点击左下角的箭头即可。②如果不想看此界面内容了，想要返回看其他控制单元的资料，我们只需要点击左上角的"N127"前侧的"诊断"按钮就可以了。

5.3 单个控制单元或其相关部件安装位置查找

视频二维码

想要查找某个控制单元的具体安装位置，我们的诊断电脑 XENTRY 也是可以查询的。例如有一辆奔驰车，故障代码为 N127 传动系统控制单元内部故障，那么这个 N127 装在哪里呢？下面我们就来看一下详细的查询步骤。

首先我们要在诊断电脑的快速测试界面找到并选中"N127 传动系统控制单元"，然后点击右下角的"继续"按钮，具体操作如图 3-107 所示。

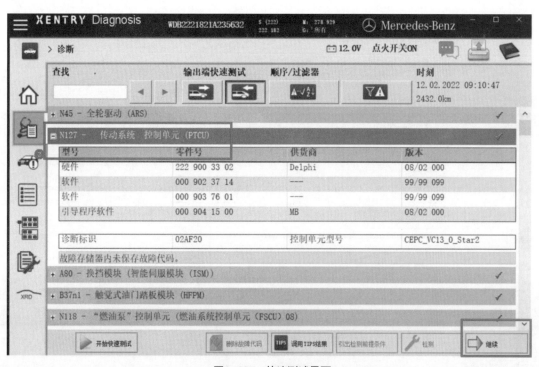

图3-107　快速测试界面

界面进入 N127 传动系统控制单元后，点击右上角的书本形状的按钮，具体操作步骤如图 3-108 所示。

点击完书本形状的图标后，界面变成如图 3-109 所示的界面，点击"安装位置"，点击"N127（传动系统控制单元）"，具体操作步骤如图 3-110 所示。

然后，如图 3-111 所示，界面就变成了我们需要寻找的资料，显示 N127 传动系统控制单元的详细安装位置了。从图中我们可以看到 N127 传动系统控制单元，安装在右前脚坑的前部。

通过上述的查询步骤可以很快找到控制单元的详细安装位置，在平时的工作中对大家也是帮助很大的，具体查询步骤大家要牢牢地掌握好。在有些控制单元的"安装位置"，不但有控制单元的安装

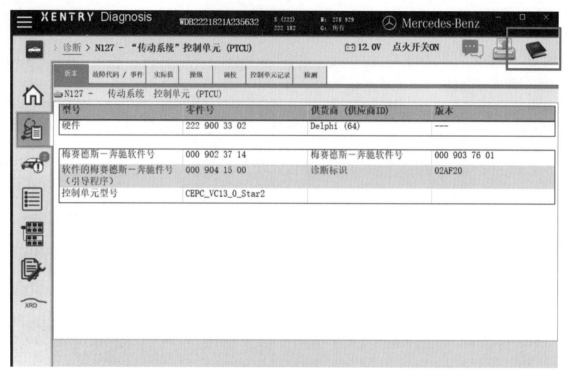

图3-108　N127控制单元

图3-109　安装位置

位置，也有其相关的传感器和执行器的详细安装位置。例如空调控制单元 N22/1 里，我们来看下它的"安装位置"界面，不但可以查看 N22/1 控制单元的安装位置，而且还可以查看 B12 制冷剂压力传感器、B14 外部温度传感器、M13/5 冷却液循环泵等的安装位置，如图 3-109 所示。

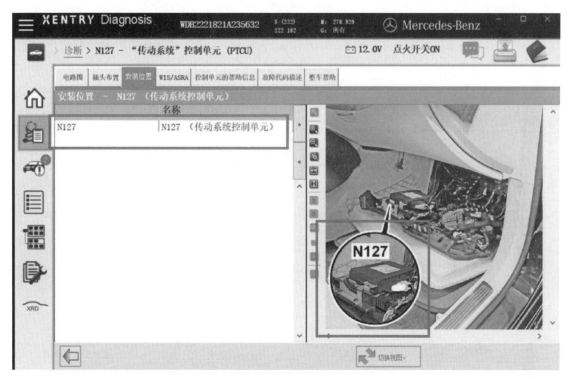

图3-110 N127安装位置

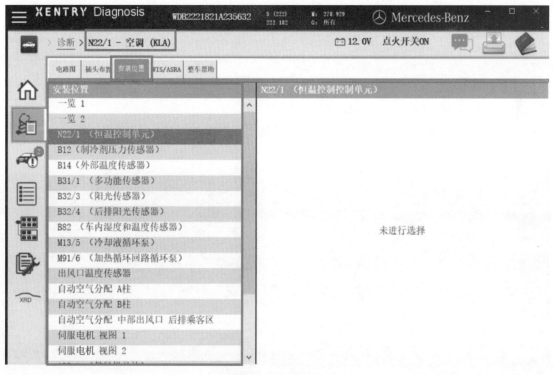

图3-111 安装位置列表

　　在图3-111中，我们点击"N22/1（恒温控制单元）"按钮，就可以看到N22/1的具体安装位置，如图3-112所示。

　　点击"B12（制冷剂压力传感器）"按钮，就可以看到B12制冷剂压力传感器的具体安装位置，

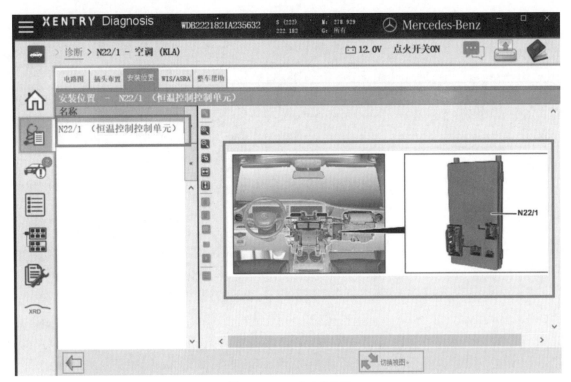

图3-112 N22/1安装位置

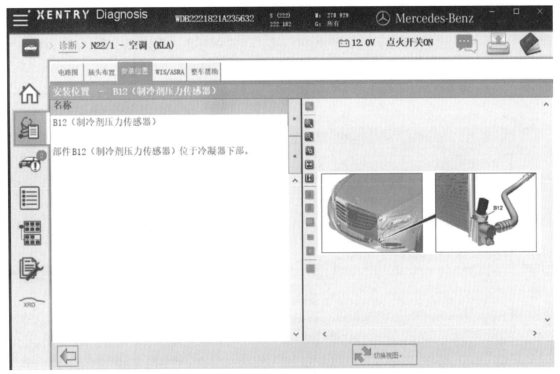

图3-113 B12安装位置

如图 3-113 所示。其他的选项按钮这里就不做展示了，大家可以多加练习和研究。

注意：①如果不想看此界面内容了，想要返回看此控制单元的"实际值"或者"操纵"等，只需要点击右上角的"信息"按钮就可以了。如若后退一步，直接点击左下角的箭头即可。②如果不想看此界面内容了，想要返回看其他控制单元的资料，只需要点击左上角的"N22/1"前侧的"诊断"就可以了。

5.4　WIS/ASRA软件链接

视频二维码

在进入某个控制单元（例如进入 N127 传动系统控制单元）后，点击"信息"按钮，发现有一个"WIS/ASRA"按钮，点开后就是进入或者调用"WIS/ASRA"软件，如图 3-114 所示。一般操作时，需要先打开诊断电脑的离线版本"WIS/ASRA"软件，再点击图 3-114 中的蓝色链接才可以正常使用。这样操作的好处是，我们不用再次在 WIS/ASRA 软件中输入车辆识别号了，还帮助我们选好了组别，并且可以查看左侧列表里的详细的知识点。因为诊断电脑兼容性或者软件版本的问题，有时会出现操作不成功或者链接不成功问题，这个知识点大家了解一下就可以了。大家也可以在自己的诊断电脑上尝试一下是否可以链接成功。

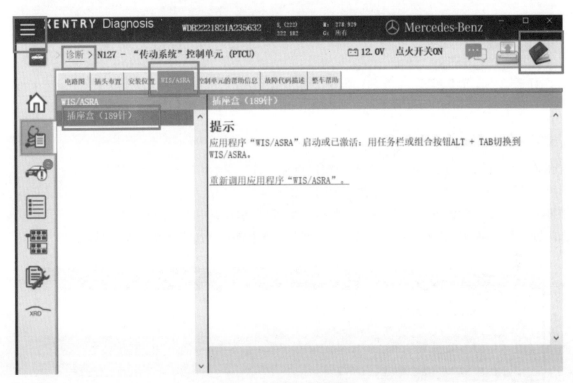

图3-114　WIS/ASRA窗口

注意：①如果不想看此界面内容了，想要返回看此控制单元的"实际值"或者"操纵"等，只需要点击右上角的"信息"按钮就可以了。②如果不想看此界面内容了，想要返回看其他控制单元的资料，我们只需要点击左上角的"N127"前侧的"诊断"按钮就可以了。③如果诊断界面切换了，找不到之前的诊断界面了，我们点击左上角的三条横线图标，在弹出的界面（图 3-115）选择并点击听诊器图标，界面就返回到我们之前的诊断程序界面了。

图3-115　软件切换窗口

5.5　控制单元的帮助信息

在奔驰诊断软件XENTRY的"信息"窗口里可以看到一个"控制单元的帮助信息"的按钮，在这里可以给大家提供一些基础的诊断维修说明，如图3-116所示。当然每个控制单元里的帮助信息是不一样的，例如在N127里给出的是"导线的一般检测"信息，也就是如何诊断或者检查一根导线有什么问题，是断路、短路还是有电压降等。大家自行点击查看，这里不做过多的赘述了。

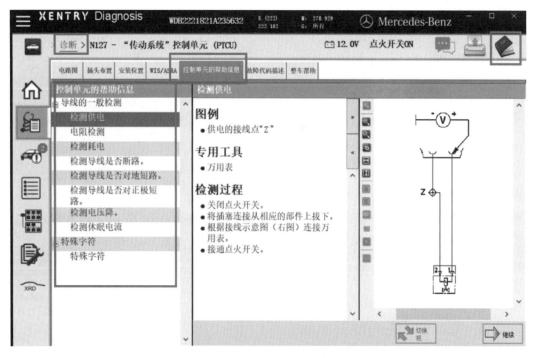

图3-116　控制单元的帮助信息

注意：①如果不想看此界面内容了，想要返回看此控制单元的"实际值"或者"操纵"等，只需要点击右上角的"信息"按钮就可以了。②如果不想看此界面内容了，想要返回看其他控制单元的资料，我们只需要点击左上角的"N127"前侧的"诊断"按钮就可以了。

5.6　故障代码描述

在奔驰诊断软件 XENTRY 的"信息"窗口里，可以看到一个"故障代码描述"的窗口，在这里可以给大家提供关于此控制单元中故障代码的详细描述信息。如故障代码的解释、故障代码的生成条件、故障代码的检测前提等，详细说明如图 3-117 示。从图中我们可以看到故障代码"P05AE00 散热器百叶片 2 关不上"。报故障的设置条件是存在机械故障。所以说，遇到此故障代码时，应该着重检查百叶片的机械故障。从介绍中还可以得知，此故障代码会引起发动机故障指示灯激活。大家也可以多去点击其他的故障码或控制单元查看，多多练习。

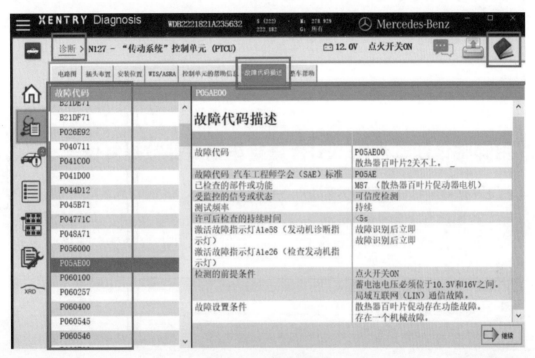

图3-117　故障代码描述

注意：①如果不想看此界面内容了，想要返回看此控制单元的"实际值"或者"操纵"等，只需要点击右上角的"信息"按钮就可以了。②如果不想看此界面内容了，想要返回看其他控制单元的资料，只需要点击左上角的"N127"前侧的"诊断"按钮就可以了。

5.7　整车帮助

在奔驰诊断软件 XENTRY 的"信息"窗口里，可以看到一个"整车帮助"窗口，如图 3-118 所示。这个功能我们已经详细讲述过了，也就是在全车检测界面直接点击"信息"按钮，与这个界面内容是一样的。关于界面的内容大家参考之前的讲述就可以了，这里不再赘述了。

图3-118　整车帮助

6. 用奔驰诊断软件XENTRY进行车辆保养数据复位

6.1　用奔驰诊断软件XENTRY进行车辆保养复位

视频二维码

在奔驰车辆更换完机油和机油滤清器后，需要对车辆保养提示进行数据复位。保养复位方式有两种：①在方向盘上手动进行复位，此操作步骤较多，过程繁多，具体操作方法我们在 WIS 软件相关

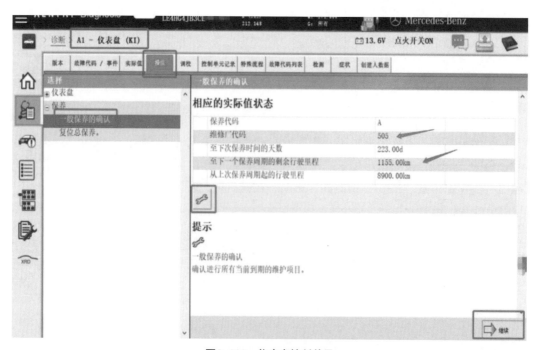

图3-119　仪表盘控制单元

章节中已经详细说明，如需要请查看 WIS 篇章。②利用奔驰诊断软件 XENTRY 进行保养提示数据复位。下面我们就来和大家分享一下详细的操作步骤。

首先利用奔驰诊断软件 XENTRY 进入车辆，然后在快速测试界面进入 A1 仪表盘控制单元，然后点击"操纵"，点击"保养"，点击"一般保养的确认"，点击扳手按钮，如图 3-119 所示，然后等待界面切换。

点击扳手按钮后，界面就会切换成如图 3-120 所示的样式了，然后点击右下角的"继续"按钮就可以了。

在图 3-120 中点击完"继续"按钮后，界面就切换成图 3-121 所示的界面了。从图中可以看出，

图3-120　复位提示

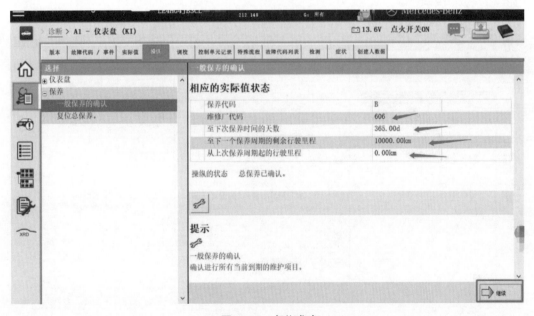

图3-121　复位成功

保养间隔提醒就变成 10000km 了，这样我们对车辆的保养提醒数据复位就完成了，也就是平时我们所说的保养复位结束了。退出时只需要点击右下角的"继续"按钮就可以了。

6.2 用奔驰诊断软件XENTRY对车辆保养复位后的数据进行恢复

在操作中或者学习练习过程中，有时我们不小心把车辆保养提醒数据给复位了，能不能给它再恢复过来呢？简单来讲就是，车辆没有更换机油和机油滤清器，或者不需要更换，但是不小心给保养数据复位了，然后仪表就显示"下次保养 10000km"的保养间隔，怎么给它恢复过来呢？

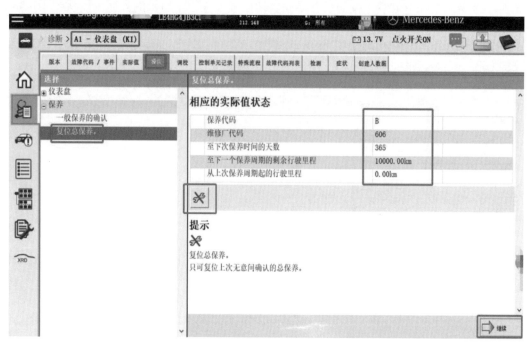

图3-122　仪表盘控制单元

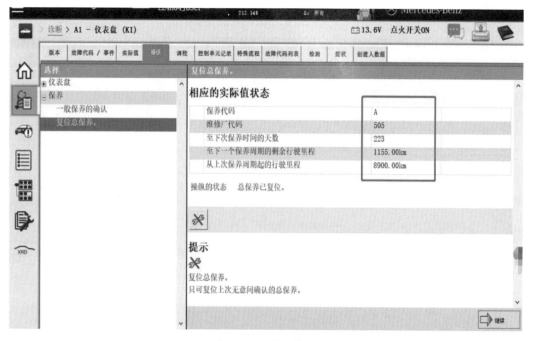

图3-123　恢复成功

下面和大家分享一下，恢复的详细步骤。

首先利用奔驰诊断软件 XENTRY 进入车辆，在快速测试界面进入 A1 仪表盘控制单元，然后点击"操纵"，点击"保养"，点击"复位总保养"，点击扳手按钮，如图 3-122 所示。

点击带红线的扳手按钮后，界面就会切换成如图 3-123 所示的界面了，然后点击右下角的"继续"按钮就可以了。这样我们的保养提示就恢复之前的状态了。从图中我们可以看出保养提醒间隔恢复到 1155km 了。

注意：如果不想看此界面内容了，想要返回看其他控制单元的资料，我们只需要点击图 3-123 左上角的"A1"前侧的"诊断"按钮就可以了，如图 3-124 所示。

7. 用奔驰诊断软件XENTRY调出更换制动片模式

视频二维码

目前在市面上常见的奔驰新车型，手刹基本上都是电子手刹了，此类车辆更换后轮制动片时，一定要严格按照奔驰厂家标准工艺进行更换，否则会损坏制动分泵或其他部件。重点需要注意的是，带电子手刹的车辆更换后轮制动片时，有更换制动片模式。我们调出更换制动片模式后，其余的工作步骤和更换一般后轮制动片的操作步骤差不多。下面和大家分享一下，如何利用奔驰诊断软件 XENTRY 调出并更换后制动片模式。

首先利用奔驰诊断软件 XENTRY 进入车辆，在快速测试界面进入 N128 电动驻车制动器，然后点击"操纵"，点击"安装位置起步"，点击左侧扳手按钮，如图 3-124 所示。然后就可以听到后轮有吱吱的响声，说明后轮制动分泵正在调整到维修模式，这样我们就可以去更换后轮制动片了。

注意：①有的车型不一定在 N128 里调整，大家可以去 ESP 的控制单元里找一下。②界面上的按钮"安装位置起步"大家有可能不好理解，这个是翻译的问题，大家理解为"维修模式"或者"更换制动片模式"就可以了。

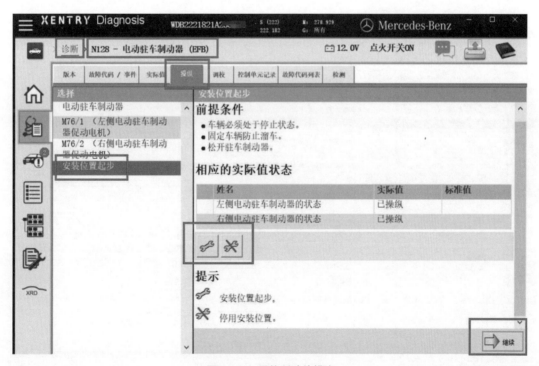

图3-124 更换制动片模式

更换完成后轮制动片后，在图 3-124 界面我们只需要点一下右侧带红线的扳手按钮，接着点击右下角的"继续"按钮就可以了。这个扳手按钮的意思是，停用"更换制动片模式"。关于拆卸安装方面的更详细的操作步骤，请大家参考 WIS 软件。

注意：如果不想看此界面内容了，想要返回看其他控制单元的资料，我们只需要点击左上角"N128"前侧的"诊断"按钮就可以了。

8. 用奔驰诊断软件XENTRY刷隐藏或改配置

奔驰诊断软件 XENTRY 不但可以诊断车辆排除故障，而且还可以刷出车辆的一些隐藏功能或者更改相关配置。有的项目还可以增加单车产值，这些更改的操作步骤其实并不复杂，在这里和大家分享几个。

8.1 刷倒车雷达的"声光同步"功能

奔驰车辆上倒车雷达都是有显示屏的，如图 3-123 所示。前部的显示屏，有的是在仪表内显示的，有的像图 3-125 一样是单独的显示屏。那么什么是声光同步呢？其实声光同步是大家的通俗叫法，它的意思是倒车雷达显示屏只要有光显示时，倒车雷达系统就会发出提示声音。之前奔驰车辆系统默认是，到红灯显示时才会发出警报音。改完声光同步后，当显示屏显示一个黄灯时，系统就会发出"嘀嘀"

视频二维码

图3-125　雷达报警显示屏

图3-126　驻车系统

的警报音。随着车外障碍物离得越来越近，黄灯增多，最后显示红灯，车外接近障碍物，倒车雷达系统发出的"嘀嘀"声也越来越急促。

　　下面和大家分享一下具体的操作步骤：如图 3-126 所示，首先用奔驰诊断软件 XENTRY 进入 N62 驻车定位系统 PTS 控制单元，点击"调校"，点击"配置"，点击"手动设置"，点击"音量和频率"，然后在此界面的右侧部分，点击相应条目的下拉箭头就可以更改相关的参数了。

图3-127　编码确认

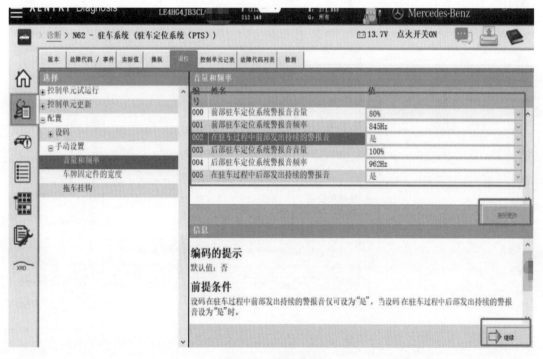

图3-128　编码成功

在图 3-125 右侧部分，在条目"002 在驻车过程中前部发出持续的警报音"后面的"否"更改成"是"，点击后面的向下箭头就可以更改了。按照同样的操作方法，把"005 在驻车过程中后部发出持续的警报音"后面的"否"更改成"是"，然后点击"接受更改"按钮，界面就变成了如图 3-127 所示的界面了，在此界面点击右下角的"是"按钮就可以了。

然后界面就变成了如图 3-128 所示的界面，图示中"接受更改"变成灰色不能点击了，至此所说的"声光同步"就成功刷出来了。当然如果我们想要恢复车辆报警原来的状态，只需要把两个"是"在此改成两个"否"就可以了，最后点击右下角的"继续"按钮退出就可以了。

8.2 调整倒车雷达的声音大小或灵敏度

视频二维码

在奔驰车辆使用或者维修时，经常有客户询问技师，奔驰车辆的倒车雷达声音太小，可以调整一下吗？答案肯定是可以的，但是需要在奔驰诊断软件 XENTRY 上操作。下面和大家分享一下详细的操作步骤。

如图 3-129 所示，首先用奔驰诊断软件 XENTRY 进入 N62 驻车定位系统 PTS 控制单元，点击"调校"，点击"配置"，点击"手动设置"，点击"音量和频率"，然后在此界面的右侧部分选中"000 前部驻车定位系统警报音音量"，百分比改成最高，就是音量最大。同样的操作方式，选中"003 后部驻车定位系统警报音音量"可以调整后部的警报音大小。最后，点击"接受更改"按钮，余下的操作步骤这里不再赘述了。建议大家，把后部的调成 100%，前部的调成"80%"，因为驾驶员离前部报警蜂鸣器近，请大家注意这个细节。

在图 3-129 中，还有一个参数可以调整，就是警报音频率，这个调整的参数就是警报音的刺耳程度，频率越高越刺耳，或者说越敏感。具体调整和操作步骤，请参考前面内容的步骤。

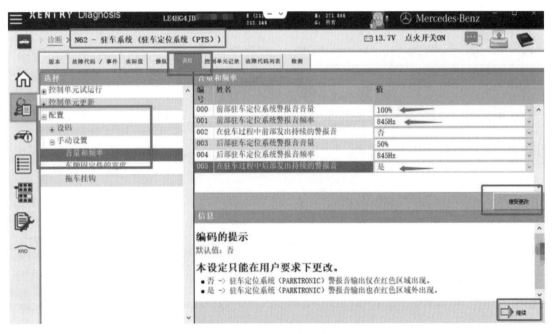

图3-129 驻车系统

8.3　空调系统蒸发器结冰参数调整

在车辆故障诊断中，有时会遇到空调系统蒸发器结冰的案例，也就是俗称的"冰堵故障"，这样的故障该怎么排除呢？一般情况下我们排除了硬件故障以后，还要考虑软件的问题。我们可以提高蒸发器的最低温度来解决这个问题。具体操作方法，如图 3-130 所示，首先用奔驰诊断软件 XENTRY 进入 N22/7 空调控制单元，点击"调校"，点击"配置"，点击"手动设置"，点击"客户要求"，然后在此界面的右侧部分选中"018 提高最低蒸发器温度"，将数据改成最大 3.5℃，点击"接受更改"，点击"是"就可以了。与大家解释一下，最低蒸发器温度是什么意思，它指的是在控制单元监控到设置的蒸发器温度最低时，强制让压缩机停止工作。例如设置了 3.5℃，当控制单元监控到蒸发器到 3.5℃时，压缩机就停止工作，这样蒸发器就不会结冰了。

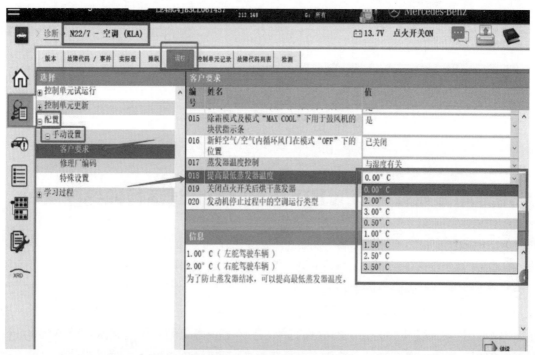

图3-130　空调控制单元

8.4　禁用或删除已丢失奔驰车辆的钥匙

用奔驰诊断软件 XENTRY 删除丢失钥匙的轨道，也就是禁用丢失钥匙的功能，这个是很有市场的，并且也是可以收到费用的。如图 3-131 所示，首先用奔驰诊断软件 XENTRY 进入 N73 电子点火开关 EZS 控制单元，点击"调校"，点击"配置"，点击"手动设置"，点击"禁用钥匙或钥匙槽"，点击右下角的"继续"按钮，然后按照提示一步一步地操作就可以了。

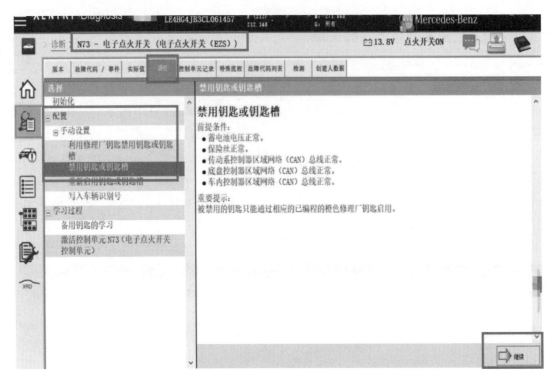

图3-131 N73控制单元

9. 用奔驰诊断软件XENTRY对控制单元试运行或编程设码

在工作中，技师更换完成一块控制单元后，一般情况下需要进行控制单元试运行，也就是一个编程、设码、匹配学习的一整套流程。如果不更换控制单元，只是刷一下程序来排除故障，就不用点击试运行，直接编程或者设码就可以了。

先来搞明白这几个关键词的含义，再来看具体操作步骤。编程的概念是在更换的控制单元里刷写工作平台数据。我们可以理解为在电脑城我们买了一个笔记本电脑，往里装WINDOWS10系统的这个过程就是编程。设码的概念就是个性化，也是车辆高配和低配的配置不一样的设置。也可以理解为我们新买的电脑在装完系统后，根据每个人的需求不同，进行个性化配置和设置，如装不同的软件、设置桌面背景、设置页面分辨率等根据个人需求进行个性化设置。匹配学习的概念就是让控制单元与执行器进行学习位置状态。举例来说，刚换完新的空调控制单元，要调节出风口的风门电机，由于这个控制单元刚来，肯定不知道风门电机的0位置和100%位置，只要匹配学习一下就可以了。

讲了这么多，那么到底什么是"试运行"呢？所谓的试运行主要是针对更换新的控制单元才需要做的步骤。试运行是我们的诊断电脑设计好的一套流程，包括了编程、设码和匹配学习。所以我们更换一块新的控制单元后，直接点击"试运行"按钮，奔驰诊断软件XENTRY就会引导我们对控制单元进行编程、设码和匹配学习了。

我们来看一下试运行的详细步骤，以更换制动控制单元为例进行分享试运行步骤。如图3-130所示，更换完新的制动控制单元后，用奔驰诊断软件XENTRY进入N30/4电控车辆稳定行驶系统ESP控制单元，点击"调校"，点击"控制单元试运行"，点击"试运行已安装的控制单元"。大家一定注意查看图3-131中右侧部分的详细说明，如果不满足条件，可能会造成不必要的损失，整体的说明不同的控制单元会有些许的不一样，大家一定要认真查看。图 3-132 中第一条是前提条件：①必须已安装新的控制单元，有的控制单元会提示安装旧的，大家还要先把旧的安装上，才可以进行下一步。②车辆必须水平地停放在平坦的地面上，有的单位场地有倾斜工位，一定要调整到平坦工位，这个会影响到后期控制单元的自学习数据。第二条是提示：在整个过程中，必须确保足够的供电；这是非常重要的，若不注意，有可能会造成控制单元报废的情况发生。第三条是流程步骤：也就是我们要完成试运行工作的所有步骤。从图 3-131 也可以看出，整个流程包括了之前讲的编程、设码和匹配学习。

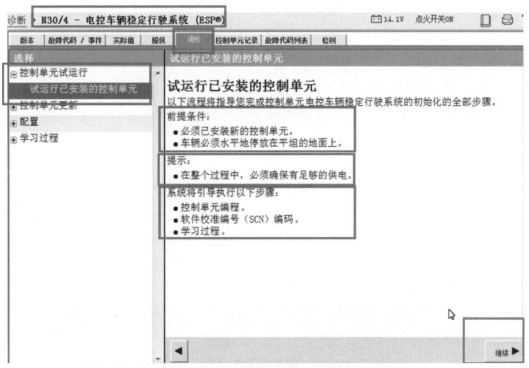

图3-132　调校窗口

　　在图 3-132 中点击"继续"按钮，界面就切换成如图 3-133 所示的界面了。这个界面系统自己检查控制单元连接网络是否正常，如果正常的话，界面会显示"√"符号，否则会显示"×"。这个界面也没有我们需要操作的内容，只需要点击右下角的"继续"按钮就可以了。

　　图 3-133 中点击完"继续"按钮后，界面就切换成如图 3-134 所示的界面了，在这个界面我们需要输入账号和密码，然后点击"Login"按钮确认就可以了。

　　点击完"Login"按钮后，界面就变成如图 3-135 所示的界面了，从图 3-134 中可以看到左侧是安全提示信息，我们严格按照要求做到就可以了，否则可能会导致控制单元坏掉，右侧是版本信息和预计编程需要的时间。在这个界面我们只需点击右下角的"继续"按钮就可以了。

　　然后诊断电脑就开始自己编程、设码和匹配学习了，如图 3-136 所示。整个过程是诊断电脑自己在干活，我们不需要过多的操作，有时会提醒开钥匙或者关钥匙。

　　在图 3-135 所示的界面不需要操作任何按钮，只需要等待就可以了，特别要注意的是，一定要保证网络正常，车辆稳压正常。如图 3-137 所示，诊断电脑"编程"完成后会自动切换"设码"，然后自动切换"匹配学习"。图 3-137 中右下角的"继续"按钮是灰色背景时，我们操作不了，所以此界面需要大家耐心等待就可以了。

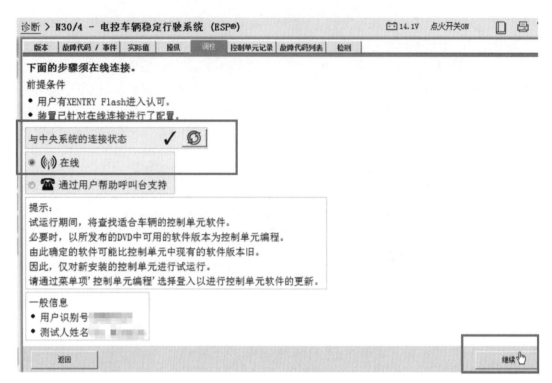

图3-133　网络检测

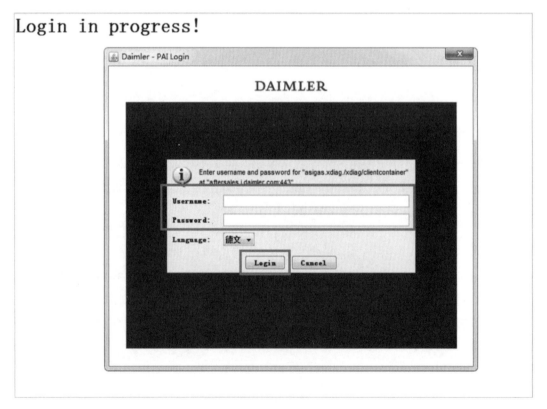

图3-134　账号输入

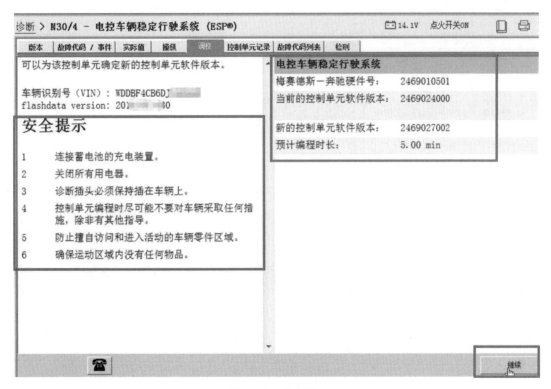

图3-135　安全提示

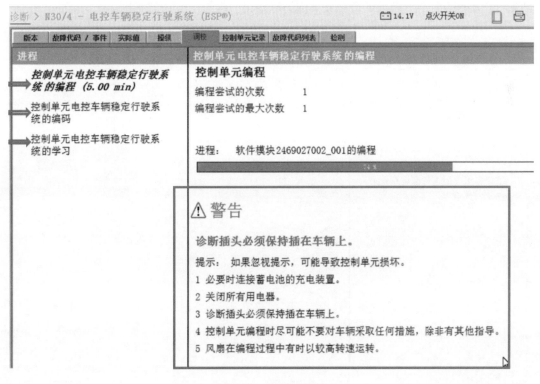

图3-136　开始试运行

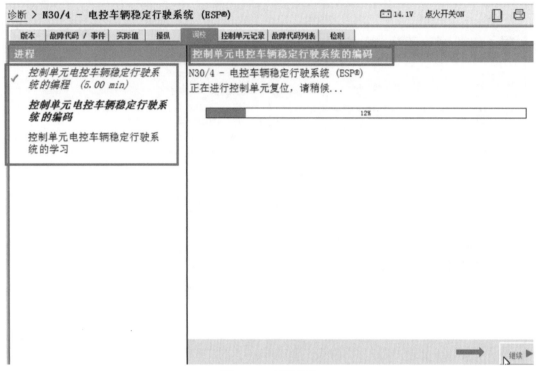

图3-137　试运行中

等待完成之后就变成如图 3-138 所示的界面了，在此界面可以看到右侧显示"校准已成功结束"，也就是控制单元的匹配学习结束了，在此界面直接点击"继续"按钮就可以了。

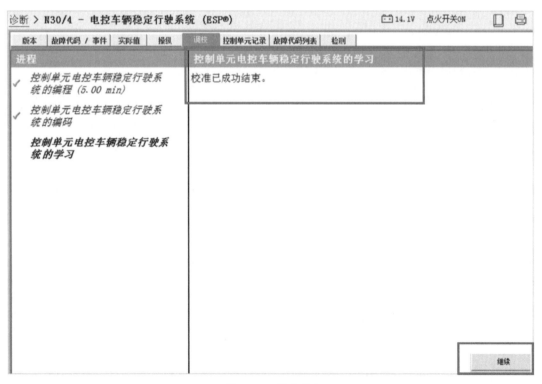

图3-138　校准成功

在图3-138中，我们点击完"继续"按钮后，界面就显示编程设码成功了。如图3-139所示，点击"继续"按钮就退出了。至此，新更换的制动控制单元就试运行结束了。从整个操作的流程来看整体步骤非常简单，按照奔驰诊断软件 XENTRY 引导操作就可以了，所以说奔驰的编程设码步骤不是很复杂。

诊断 > N30/4 - 电控车辆稳定行驶系统（ESP®）　　　　　　　　　　　　🔲14.1V　点火开关ON

| 版本 | 故障代码／事件 | 实际值 | 操纵 | 调校 | 控制单元记录 | 故障代码列表 | 检测 |

维修任务的文档记录

重要提示：

必须填写所有输入栏。 打印任务记录以便存档。 原则上必须将填有维修任务编号的记录打印稿和维修资料一起保存，以便MPC可能进行的保修和优惠要求检查。 退出本界面后该事件记录不再可用。

> 控制单元编程已成功进行。
>
> 软件校准号（SCN）编码过程已成功进行。

维修任务编号	
操作号	
测试人姓名	
用户识别号	
日期	·
车辆识别号（VIN）	WDDBF4CB6DJ
XENTRY Diagnosis版本	07/
软件升级（AddOn）	5225、5226、5839、5860、5866、5885、5890、5896、5900、5904、5908、5913、5916、

☎　　　　　　　　　　　　　　　　　　　　　　　　　　　　　　　　　　继续

图3-139 试运行成功

10. 奔驰诊断软件XENTRY使用注意事项

奔驰诊断软件 XENTRY 功能非常强大，会给技师维修诊断奔驰车辆带来很大的帮助。所以在使用的时候一定要规范地操作，在此列出一些注意事项，请大家在维修时多注意。

图3-140 诊断连接

（1）对车辆进行测试和诊断操作时保持车辆电压供给。对于长时间的测试和诊断操作，由于电流要求较高，因此必须连接蓄电池充电器，以维持车载电源电压。建议使用充电电流至少为30A，充电电压至少为13.5V的充电器，否则车载电气系统蓄电池可能会亏电，以免造成车载蓄电池或者某些控制单元损坏。

（2）在图3-140所示的诊断包正常工作时，若要断开连接，请一定确保完全退出奔驰诊断软件XENTRY后，再拔下车上诊断插头。否则可能损坏车辆控制单元或诊断软件程序。

（3）原则上每次更换部件后都要进行部件测试，如测试更换控制单元后一切正常，就不用再做控制单元试运行了，编程或设码也不需要了。

（4）重新插接电气或者气动接头后，应该对相关部件进行测试，以确保接头已经正确插接。

（5）在故障代码的诊断测试过程中，系统可能会出现一条故障代码，操作人员可以用"YES"或者"NO"按钮确认是否存在相应的情况。

（6）在故障代码的诊断测试过程中，系统可能会出现其他一些可以忽略的故障代码，如没有故障症状的话，我们也是可以直接忽略的。

（7）只有诊断决策树确实要求用短路或者断路方法，让系统产生故障时，才允许进行相应的短路或者断路操作。

（8）在做检测或故障引导时，一定要注意认真阅读每一步的安全提示和描述，以免造成不必要的损失。

（9）我们的诊断设备是电子部件，一定要注意防静电。关于避免电子部件因静电放电引起损坏的提示，电子部件和控制单元对静电放电（ESD）非常敏感。通常损坏可能不会立即显现，而是在一段时间后变得明显。为了避免因车辆电子装置中的静电放电（ESD）造成故障和损坏，必须考虑并遵照相关操作步骤和安全注意事项。生产以及维修作业期间，在运输、操作、测试、拆卸和安装电子部件时存在损坏电子部件的风险。

第四部分　奔驰诊断软件DAS篇

1. 奔驰诊断软件DAS连接和进入方法

1.1　奔驰诊断软件DAS连接方法

这一部分我们来学习奔驰诊断软件DAS对老车型的诊断应用，首先学习一下DAS连接和进入方法。

此软件的实车连接方式，首先通过OBD Ⅱ线束连接奔驰诊断包到车辆上，然后在诊断电脑和诊断包之间，连接好数据线，这样就连接好了，如图4-1所示。当然也不要忘记，连接好车辆稳压器，并保证电压在12.8～14V之间。

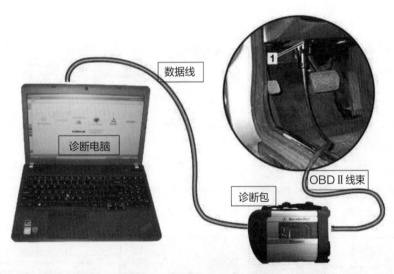

图4-1　诊断电脑连接方式

1.2　奔驰诊断软件DAS进入方法

在诊断电脑中找到诊断软件DAS的图标，奔驰诊断软件DAS图标和诊断软件XENTRY是一个图标，如图4-2所示，直接双击就可以了。

然后界面变成品牌选项，如图4-3所示。

在品牌组界面，选中并双击Mercedes-Benz图标，界面变成产品组，如图4-4所示。

在此界面有3种进入诊断软件DAS方法：方法1，点击"自动确定车辆"按钮就可以了；方法2，点击"车辆识别号（VIN）"，然后输入车辆17位车辆识别号，点击继续就可以了；方法3，选中此车属于的车型车系，

图4-2　诊断软件DAS图标

图4-3　品牌选项

图4-4　产品组选项

然后点击下部的听诊器图标就可以了。

1.3　DAS进入方法举例展示

以方法3为例，展示具体的进入方法。首先选中我们诊断的车辆所属于的车型车系，例如我们点击"221"，然后点击听诊器图标，诊断软件DAS界面就会变成车型名称选项，如图4-5所示。

然后点击图4-5中下部的听诊器图标。诊断软件根据车型自动进入DAS界面，如图4-6所示。

此时展示的是一些安全信息提示，在第一次使用奔驰诊断软件时，请注意认真阅读，阅读结束后

视频二维码

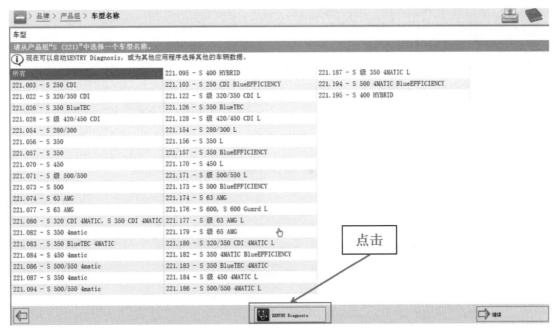

图4-5　车型名称

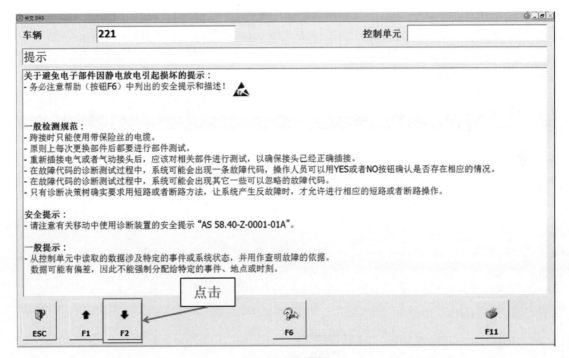

图4-6　DAS界面

点击"F2"继续。

然后界面变成其他语言的安全提示信息，如图 4-7 所示。在此界面我们只需点击"F2"继续即可。

界面变成主要组件界面，如图 4-8 所示。选中"快速测试"，点击"F3"确认，界面就变成了快速测试界面，如图 4-9 所示。

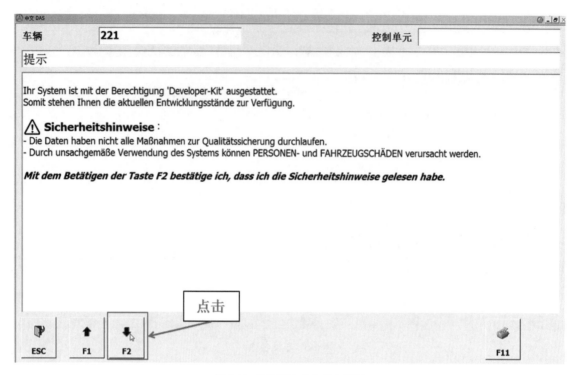

图4-7　其他语言安全信息提示

图4-8　主要组件界面

　　此界面就是奔驰 DAS 全车扫描界面了，下面就可以进行读取相关故障代码、故障引导、激活部件检测、查看实际值等工作了。

图4-9　快速测试界面

2. 奔驰诊断软件DAS界面介绍

2.1　诊断软件DAS界面图标介绍

图4-10　DAS界面图标

关于诊断软件 DAS 界面（图 4-10），其中的按钮功能如下：

◆ F1：上一页

◆ F2：下一页

◆ F3：确定某一菜单选择，或在决定时做出"是"的选择，或选择某一单位系统

◆ F4：切换按钮，或在决定时做出"否"的选择，或确定并选择某一标记内容

◆ F5：开始和停止某种通信或某种控制

◆ F6：调用帮助功能

◆ F7：在图片间切换

◆ F8：显示停帧数据和说明文本，或修改图片尺寸，或返回到上一步 F8 操纵点

◆ F9：重复某一决定，或把图片视图放大一步，或删除故障代码

◆ F10：受影响的功能

◆ F11：调用打印功能

◆ F12：调用其他程序

◆ Tab：在几个选择栏间切换（扩展菜单）

◆ ESC：跳到上级菜单或程序开始处，或退出 DAS

◆ Alt+Tab：在程序间切换

2.2 诊断软件DAS界面控制单元显示结果说明

关于控制单元显示结果说明，如图 4-11 所示。

◆ F：表示控制单元里有当前存在的故障代码

图4-11　当前的快速测试

◆ f：表示控制单元里有历史存储的故障代码

◆ i：表示在结果存储器里存在故障事件

◆！：表示与对应的控制单元失去通信或此车没有配置此控制单元

◆√：表示控制单元正常，没有故障

◆（√）：表示未检测尚未在车辆中对该系统进行检查

3. 诊断软件DAS特殊符号应用（查找控制单元安装位置、针脚布置图）

3.1　用诊断软件DAS查找控制单元安装位置

视频二维码

我们学习了奔驰诊断软件 DAS 的一些基本使用方法和一些符号的知识，下面我们来应用这些知识查询一些常用的维修资料。例如我们在工作中经常遇到，查找某个控制单元，想知道这个控制单元的具体安装位置。

如果在维修燃油供给系统时，想知道燃油泵控制单元的安装位置，我们就可以通过诊断软件 DAS 来查找，直接找到它的具体安装位置。我们来看一下详细的操作步骤，首先我们在快速测试界面，直接点击"F6"按钮，如图 4-12 所示。

车辆	221.187		控制单元	

当前的快速测试：

过滤器状态：　所有控制单元

控制单元	MB 号码	结果：
ZGW - 中央网关	2215405445	- F - i
EZS（电子点火开关）- EZS（电子点火开关）	*	- F -
ME 9.7 - 发动机电控系统9.7	*	- F -
FSCU - 燃油泵	2215401701	- √ -
EGS - 电子变速箱控制系统	*	- F - i
ISM - 智能伺服模块	*	- F - i
DTR（车距控制系统）- Distronic车距控制系统	2125450216	- F - i
SGR - 雷达测距传感器控制单元	2124420232	- F - i
ABR - 自适应制动器		- √ -
EFB（电动驻车制动器）- 电动驻车制动器		- F - i
AIRmatic空气悬挂系统		- F - i
轮胎气压控制（RDK）- 轮胎充气压力监控	*	- F - i
EHPS - 电动液压动力转向装置		- F -
KG（无钥匙启动）- 无钥匙启动	2215454432	- F - i
AB - 安全气囊	2218702993	- F - i

点击

ESC	F1	F3	F4	START F5	F6	F7	F8	F9	F10	F11

图4-12　快速测试界面

在如图 4-13 所示的界面中选"联网拓扑结构（CAN、电子通信系统）"后点击确认键"F3"。

显示的内容如图 4-14 所示，有很多不同 CAN 总线内分配相应的控制单元，例如燃油泵控制单元 N118 在传动系 CAN 总线。所以，在图 4-14 中我们选中"传动系 CAN 总线"，然后点击确认键"F3"。

如图 4-15 所示，在此界面不需要做其他选择，直接点击按钮"F2"到下一界面即可。

如图 4-16 所示，同样不需要做其他选择，直接点击按钮"F3"确认即可。

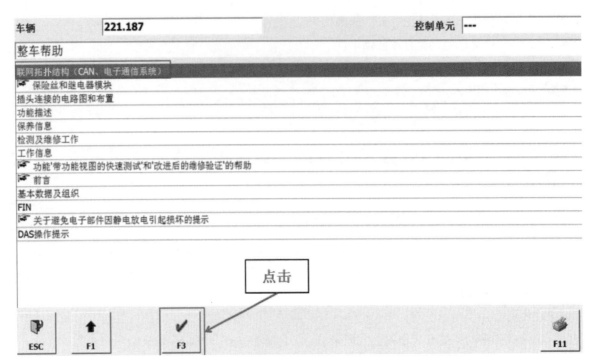

图4-13　整车帮助

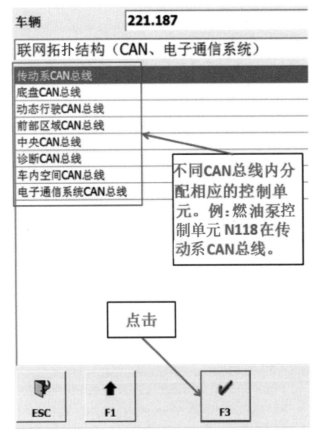

图4-14　网络选择

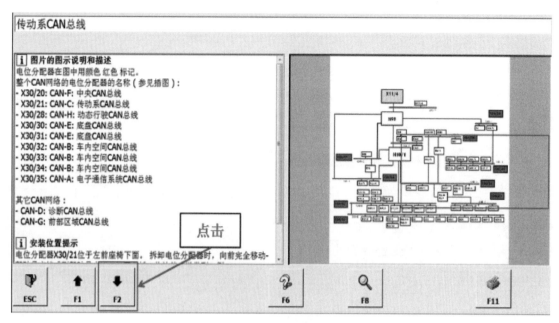

图4-15　插接器说明

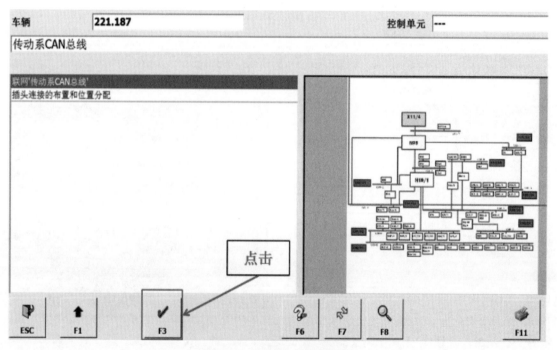

图4-16　传动系CAN总线选择

　　然后界面变成了控制单元列表，如图 4-17 所示。想要查看哪个控制单元的位置，直接选中，接着点击"F3"按钮确认就可以了。因为我们开始时要找的是燃油泵控制单元 N118，所以在此界面需要选中"N118（燃油泵控制单元）"，然后点击"F3"按钮确认。

　　燃油泵控制单元 N118 的具体安装位置就出来了，如图 4-18 所示。

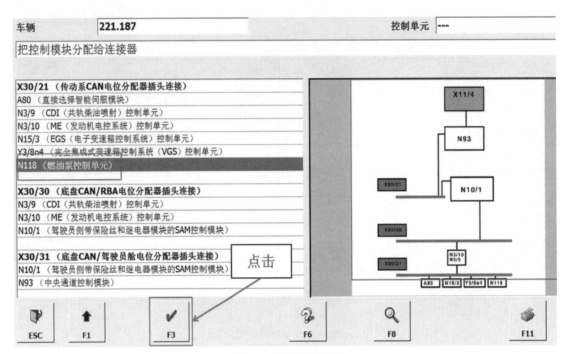

图4-17　控制单元列表

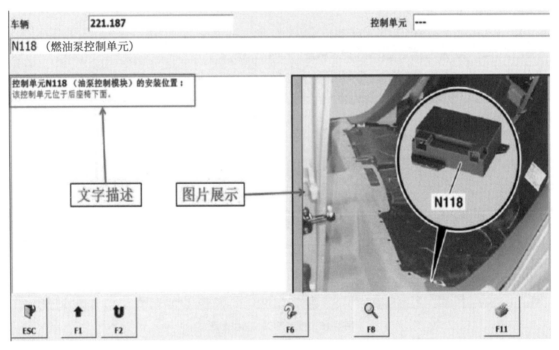

图4-18　N118具体安装位置

3.2　诊断软件DAS提升练习

　　为了让大家更好地掌握此实用方法，我们可以采用做练习题方式进行训练。下面几道实用的练习题，请大家认真独立完成。以后对于DAS诊断的车型，我们就能很熟练地查找控制单元的安装位置了。练习题的下面，是关于习题的参考答案，参考答案以点击图标路径的形式展示给大家。

练习题：

请用奔驰诊断软件 DAS 找到下列控制单元的安装位置，若没有实车，大家也可以参考车辆识别号 WDDNG8HBXAA340005 进入模拟诊断来完成下列习题的练习。

练习题 1：请用奔驰诊断软件 DAS 找到控制单元 A80（直接选择智能伺服模块）的安装位置。

练习题 2：请用奔驰诊断软件 DAS 找到控制单元 N51［带 ADS（自适应减震系统）的 AIRmatic（空气悬挂系统）控制单元］的安装位置。

练习题 3：请用奔驰诊断软件 DAS 找到控制单元 N62［PTS（驻车定位系统）控制单元］的安装位置。

练习题 4：请用奔驰诊断软件 DAS 找到控制单元 N69/5（无钥匙启动控制单元）的安装位置。

练习题 5：请用奔驰诊断软件 DAS 找到控制单元 N101（夜视辅助控制单元）的安装位置。

参考答案：

练习题 1：在快速测试界面点击 F6 →联网拓扑结构→ F3 →传动系 CAN 总线→ F3 → F2 → F3→A80（直接选择智能伺服模块）→F3。

练习题 2：在快速测试界面点击 F6 →联网拓扑结构→ F3 →底盘 CAN 总线→ F3 → F2 → F3 → N51［带 ADS（自适应减震系统）的 AIRmatic（空气悬挂系统）控制单元］→F3。

练习题 3：在快速测试界面点击 F6 →联网拓扑结构→ F3 →车内空间 CAN 总线→ F3 → F2 → F3→N62［PTS（驻车定位系统）控制单元］→F3。

练习题 4：在快速测试界面点击 F6 →联网拓扑结构→ F3 →车内空间 CAN 总线→ F3 → F2 → F3→N69/5（无钥匙启动控制单元）→F3。

练习题 5：在快速测试界面点击 F6 →联网拓扑结构→ F3 →动态行驶 CAN 总线→ F3 → F2 → F3→N101（夜视辅助控制单元）→F3。

3.3 用诊断软件DAS查找控制单元插头针脚布置图

视频二维码

在车辆诊断排除故障中，有时我们在电气测量时需要知道针脚的控制分配，即控制单元每个插针的含义解释。其实，关于这个问题应用奔驰诊断软件 DAS 就可以解决。

举例：我们需要找到空气悬挂系统控制单元 AIRmatic 的供电和搭铁线的针脚是哪个？下面来展示一下，通过奔驰诊断软件 DAS 来查找这个资料信息。首先我们用诊断软件 DAS 选中空气悬挂控制单元（电脑显示"AIRmatic 空气悬挂系统"），然后点击"F3"按钮进入空气悬挂系统控制单元 AIRmatic，进入该控制单元后的界面如图 4-19 所示。

在图 4-19 中点击"F6"按钮，然后界面就变成如图 4-20 所示的界面了，在此界面选中"连接器的分配"选项，然后点击"F3"按钮。

如图 4-21 所示，选中"耦合器 2"，意思是空气悬挂系统控制单元 AIRmatic 的 2 号插头。

在图 4-21 中点击"F3"按钮，确认所选。然后界面就切换成我们要找的 AIRmatic 空气悬挂系统控制单元的插头针脚布置图，从图中可以看出它的搭铁和供电针脚分别是 21 号针脚和 47 号针脚，如图 4-22 和图 4-23 所示。

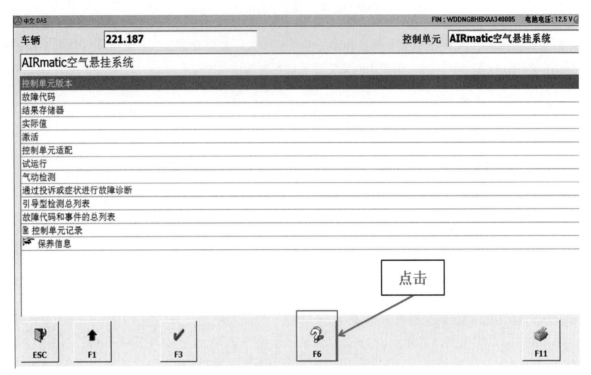

图4-19　AIRmatic空气悬挂系统控制单元

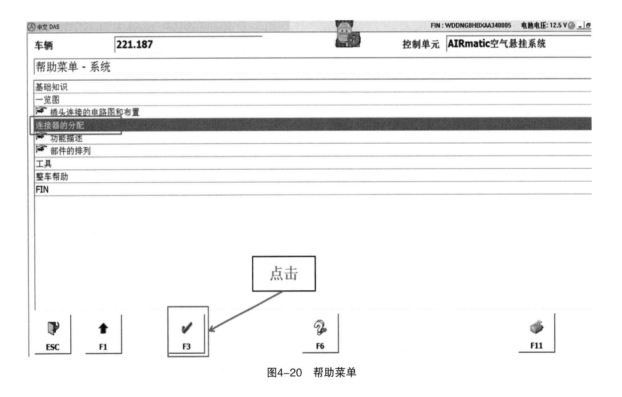

图4-20　帮助菜单

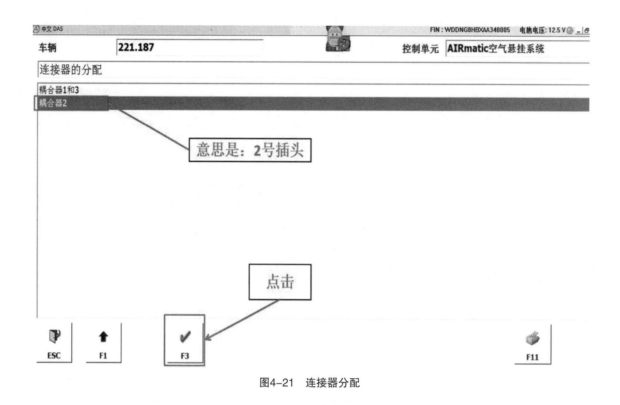

图4-21 连接器分配

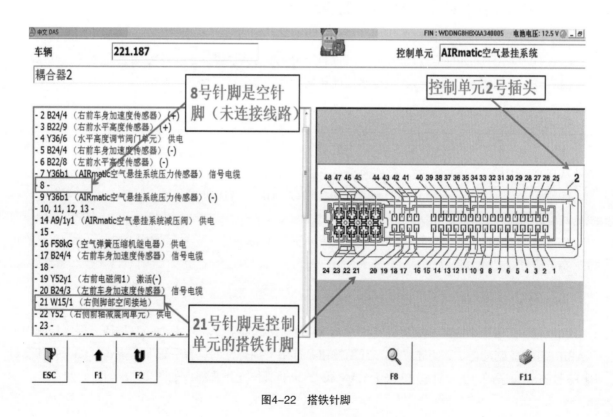

图4-22 搭铁针脚

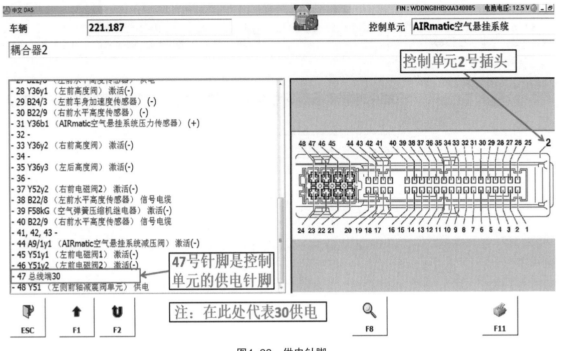

图4-23 供电针脚

3.4 利用奔驰诊断软件DAS进行提升练习

为了让大家更好地掌握此实用方法，我们可以再进行练习。下面2道练习题，请大家认真独立完成。以后对于DAS诊断的车型，控制单元针脚说明的查找就很容易了。练习题完成之后，可以参考练习题的答案。请大家认真练习，熟练掌握此技能。

练习题：

请用奔驰诊断软件DAS找到下列控制单元的针脚说明图，若没有实车，大家也可以参考车辆识别号WDDNG8HBXAA340005进入模拟诊断来完成下列练习。

练习题1：请用奔驰诊断软件DAS找到控制单元ABR-自适应制动器（制动电脑）通信线CAN线是几号针脚？

练习题2：请用奔驰诊断软件DAS找到控制单元AIRmatic空气悬挂系统中B22/3（后轴水平高度传感器）信号线是几号针脚？

参考答案：

练习题1：在全车快速测试界面选中"ABR-自适应制动器"，点击"F3"按钮，进入控制单元（ABR-自适应制动器），点击"F6"帮助按钮，选中"耦合器的位置分配"，点击"F3"按钮，针脚12号为CAN高（+），针脚13号为CAN低（-）。具体操作步骤，如图4-24～图4-27所示。

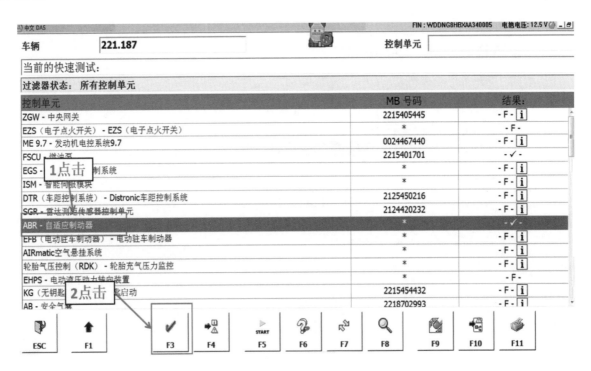

图4-24　快速测试界面

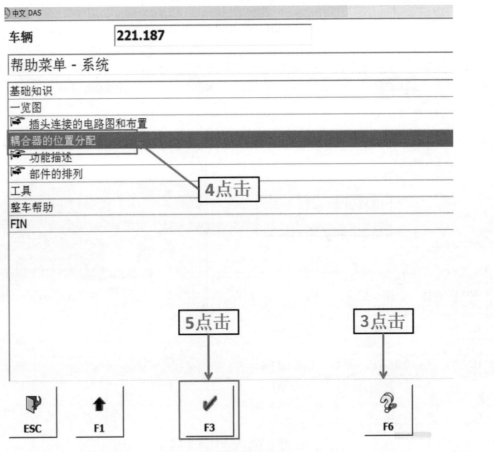

图4-25　ABR控制单元

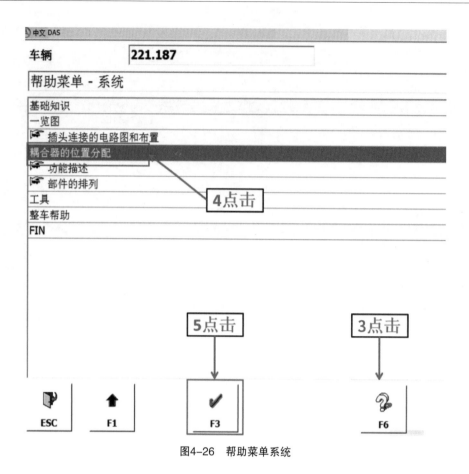

图4-26　帮助菜单系统

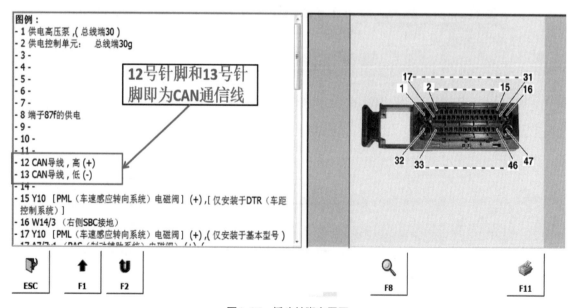

图4-27　插头针脚布置图

练习题 2：在全车快速测试界面选中"AIRmatic 空气悬挂系统"，点击"F3"按钮，进入控制单元（AIRmatic 空气悬挂系统），点击"F6"按钮，选中"耦合器的位置分配"选项，点击"F3"按钮，进入"耦合器 1 和 3"，针脚 25 号为 B22/3（后轴水平高度传感器）信号线。

4. 奔驰诊断软件DAS控制单元里各个条目介绍

4.1　发动机控制单元中条目概述

以发动机控制单元为例进行整体的介绍。如图 4-28 所示，通过诊断软件 DAS 打开或进入发动机控制单元后，控制单元里罗列出了很多条目，我们来看一下这些条目分别都是什么含义。

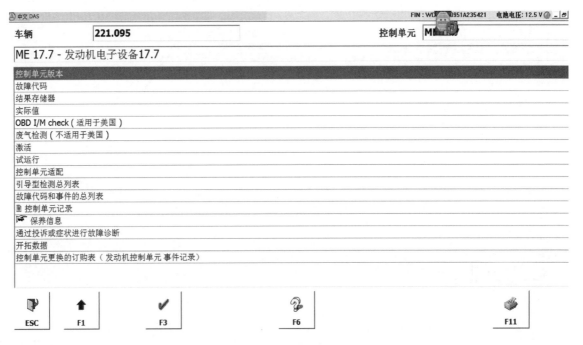

图4-28　发动机控制单元

控制单元版本：技师软件看数据时使用。

故障代码：查看故障范围并可以做故障引导检测。

结果存储器：同故障代码，与故障代码用法基本一致，此条目在诊断软件 XENTRY 中和故障代码整合在一个窗口了。

实际值：通过查看，可以知道控制单元信号输入是否正常。没有故障代码时，请大家多看多对比实际值，非常好用，也非常重要。

激活：通过激活促动让部件执行工作，可以知道控制单元执行信号发出是否正常。

试运行：更换控制单元用的，奔驰大部分的车型更换控制单元时需要做一次试运行。

控制单元适配：匹配学习和控制单元编程。

引导型检测总列表：系统中电气部件单独引导检测。

故障代码和事件的总列表：故障代码的数据库，也可以引导。

控制单元记录：与厂家联系寻求技术支持，发技术报告搜集信息。

保养信息：链接到 WIS，查看保养相关技术文件。

通过投诉或症状进行故障诊断：这个也是诊断电脑的预留逻辑，也可以引导诊断。

开拓数据：更高权限更改控制单元参数，奔驰诊断电脑没有这个权限条目。

4.2　控制单元版本

在控制单元中第一个条目是控制单元版本，版本信息里有离线编程需要的重要数据，特别是软件号和硬件号，如图4-29所示。因为这个条目在一般维修里基本用不到，所以大家简单了解一下就可以，为以后学习奔驰工程师技术做好准备。

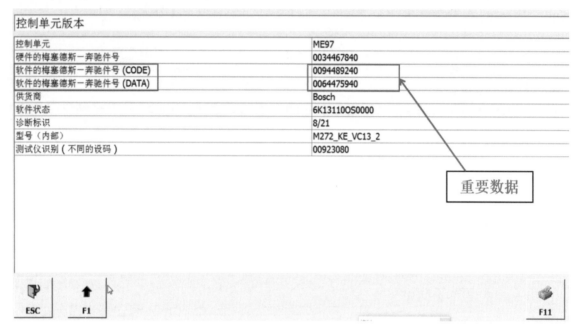

控制单元版本	
控制单元	ME97
硬件的梅塞德斯－奔驰件号	0034467840
软件的梅塞德斯－奔驰件号（CODE）	0094489240
软件的梅塞德斯－奔驰件号（DATA）	0064475940
供货商	Bosch
软件状态	6K13110OS0000
诊断标识	8/21
型号（内部）	M272_KE_VC13_2
测试仪识别（不同的设码）	00923080

重要数据

ESC　F1　F11

图4-29　控制单元版本

4.3　故障代码

进入故障代码条目后，我们可以很直观地读取相关的故障代码数据，这个故障代码可以帮助我们更好地缩小车辆故障诊断范围，甚至通过故障代码的引导，可以快速排除故障。

视频二维码

那么我们先来通过一个实际案例来学习一下。如图4-30所示，当进入故障代码条目后，读到一个故障代码为"P001000"的"进气凸轮轴（气缸列1）促动器存在电气故障或断路"。状态为当前的。

一般情况看到这个故障代码后，很多刚入行的或者维修奔驰车比较少的技师，接下来可能就开始拍图片，在各种群里开始咨询了。可是我们经常会发现，当把这个故障代码发到技术交流群后，并没有人理会我们，或很少有人回答我们的问题，这是为什么呢？是不是大家都没有遇到过？是不是我问的问题太简单了？还是我人缘不好？其实都不是重点，最主要是因为我们在群里给大家的信息太少了。本文还是以此故障代码 P001000 为例，接着和大家分享一下。第一个问题：这是一辆 M272 V6 发动机，那么哪个是气缸列 1？第二个问题"促动器"又是什么部件？真是很难理解。

那么这个问题该怎么去解决呢？遇到有故障代码的技术问题，首先我们自己先尝试着解决一下。即使没修过奔驰或者从没有遇到过这个故障代码，通过故障引导也可以解决很多技术问题。那么我们开始吧！我们首先选中故障代码"P001000"，然后点击"F3"确认按钮，界面就变成"可能的故障原因"

了，如图 4-31 所示。

从图 4-31 中可以看到，我们解决此故障代码需要从 3 个方面入手：① "N10/1kC（端子 87 继电器，发动机）"。② "N10/1f21（保险丝 21）"。③ "Y49/5（右侧进气凸轮轴作动电磁阀）"。到此界面我们又有新的问题了，比如说哪个是 N10/1kC？哪个是 N10/1f21？具体在车上哪个位置呢？我们

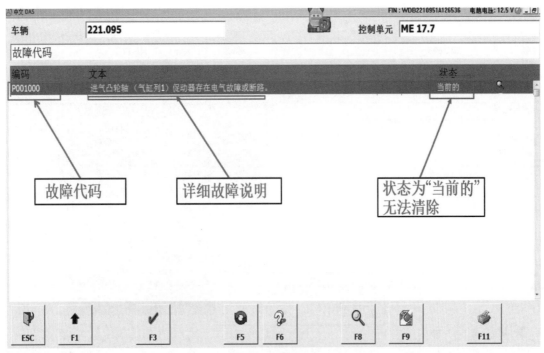

图4-30　故障代码

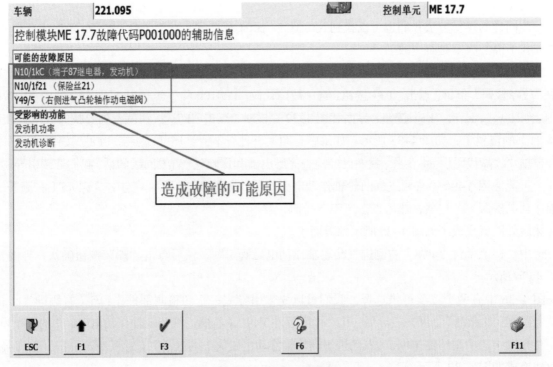

图4-31　可能的故障原因

可以继续引导排除故障。

例如，我们在图 4-31 中选"N10/1kC（端子 87 继电器，发动机）"，然后点击"F3"按钮，切换成的新界面如图 4-32 所示。根据图示右侧的详细图片，相信你一定可以在实际诊断的车辆上找到 N10/1kC（端子 87 继电器，发动机）的安装位置。找到后就可以慢慢去检测排除了。我们可以迅速找到需要检测的部件了，少走了很多弯路，也不再需要去求助别人了。

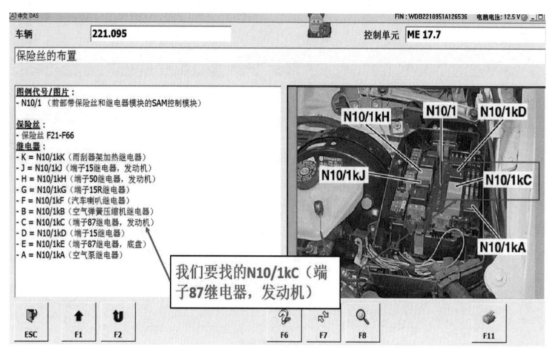

图4-32 继电器位置

按照同样的操作方法我们也可以找到 N10/1f21（保险丝 21）的具体位置，大家自己尝试着找一下。看看和我下面的答案是否一致。

N10/1f21（保险丝 21）安装位置，参考答案路径是（从故障代码条目开始操作，来复习一次）：选中"故障代码"条目，点击"F3"按钮，选中故障代码"P001000"，点击"F3"按钮，选中"N10/1f21（保险丝 21）"，点击"F3"按钮，界面和图 4-32 一样时，点击"F7"按钮就看到要找的 N10/1f21（保险丝 21）的位置了，如图 4-33 所示。如果感觉图太小且看不清，还可以点击"F8"按钮放大图片。

根据"故障代码引导"步骤，我们已经检查完继电器和保险丝。若没问题的话，我们继续引导检测。第 3 个可能原因 Y49/5（右侧进气凸轮轴作动电磁阀），如图 4-34 所示。选中"Y49/5（右侧进气凸轮轴作动电磁阀）"选项，然后点击"F3"按钮。

然后界面就变成了如图 4-35 所示的界面了。

选中"检测部件 Y49/5（右侧进气凸轮轴作动电磁阀）"，然后点击"F3"按钮确认，界面变成如图 4-36 所示。

图 4-36 中有两个选项可供选择，我们可以先来引导完一个"检测部件 Y49/5（右侧进气凸轮轴作动电磁阀）的激活"，再去引导另一个"检测部件 Y49/5（右侧进气凸轮轴作动电磁阀）的耗电量"。

首先选中"检测部件 Y49/5（右侧进气凸轮轴作动电磁阀）的激活"，接着点击"F3"按钮确认，界面切换成如图 4-37 所示。

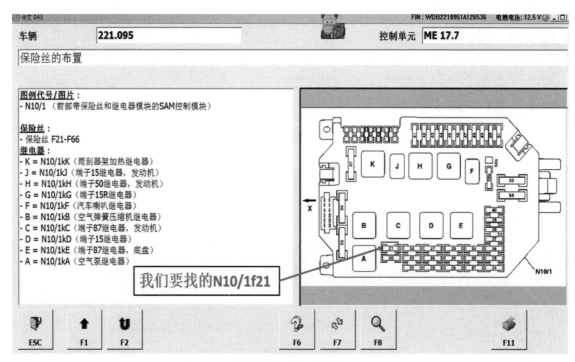

图4-33 保险丝位置

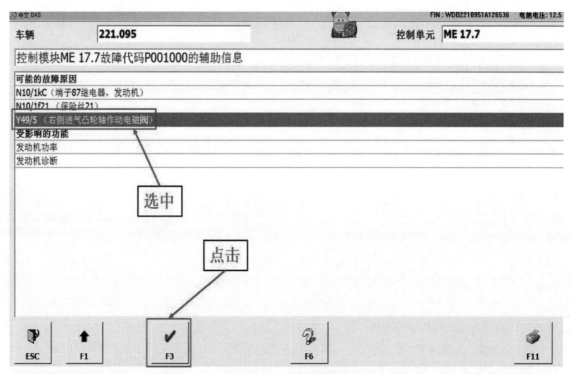

图4-34 可能的故障原因

在图 4-37 界面我们一定要认真仔细地阅读，检测的前提条件必须满足，否则引导诊断的结果就会受到很大的影响。例如图中第 3 个条件需要满足冷却液温度高于 80℃，但是我们在"相应的实际值状态"中可以看到，当前的车辆冷却液温度却只有 12℃。很显然不满足继续引导的条件，此时就

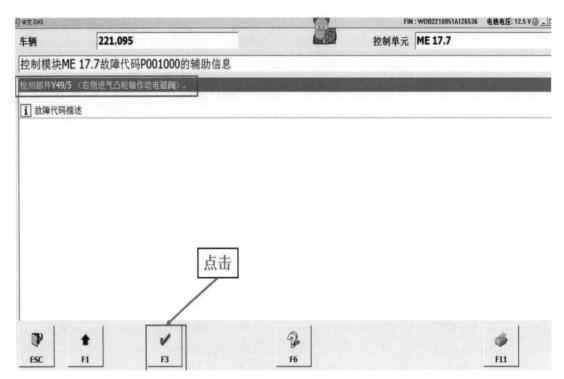

图4-35　检测Y49/5

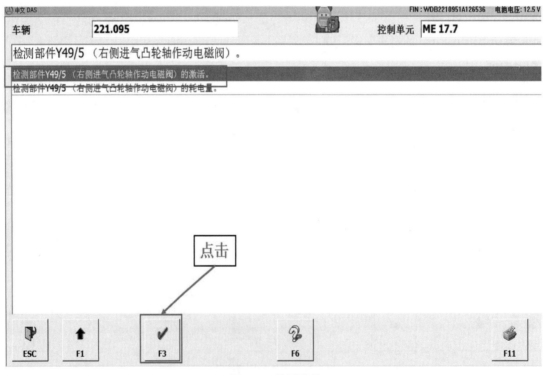

图4-36　检测选项

不可以随意点击"F2"继续按钮，否则引导出的诊断结果是不准确的。此时我们需要等到冷却液温度高于80℃后，再点击"F2"继续按钮，那么界面就会切换成如图 4-38 所示的界面了。

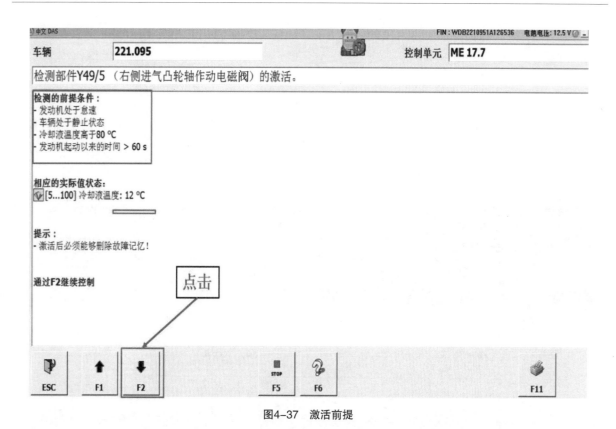

图4-37　激活前提

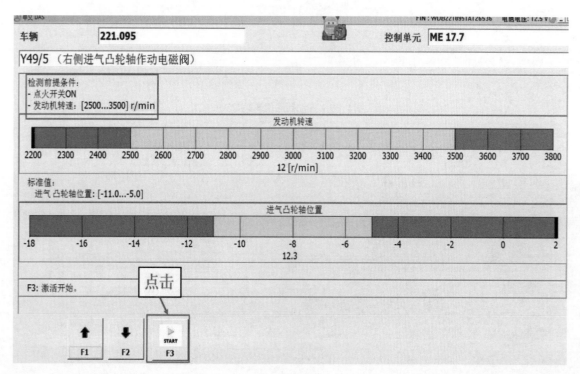

图4-38　激活

　　从图 4-38 中我们可以看到"检测前提条件"中发动机转速需要在 2500 ～ 3500r/min，此时我们在车上踩踏加速踏板，加大转速到 2500 ～ 3500 r/min 后，点击"F3"按钮，查看"进气凸轮轴位置"，是否在绿条范围内？然后点击"F2"继续按钮，进入下个界面，如图 4-39 所示。

在图4-39中，根据界面提示"关闭点火开关"，然后界面切换成如图4-40所示，在此界面耐心等待10s就可以了。

等待界面自动切换后，界面变成如图4-41所示。

在图4-41中诊断软件DAS询问我们激活是否正常？也是我们提到的激活时，进气凸轮轴位置是否在绿条范围内，如果在的话，就点击"是"，那么也就是说明此时诊断的电磁阀此刻没有发现问题。之所以报故障代码，有可能只是偶发情况。如果没在范围内的话，就点击"否"，然后界面变成如图4-42所示。

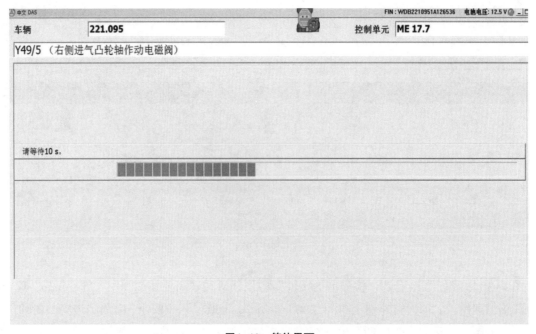

图4-39　拧动钥匙使车辆熄火

图4-40　等待界面

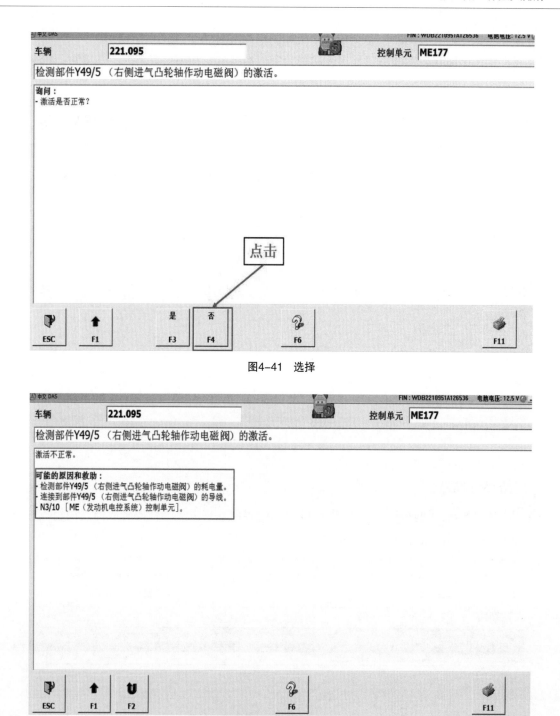

图4-41 选择

图4-42 解决方案

从图 4-42 中我们可以看到, 造成报故障代码的可能原因有 3 个: ① "检测部件 Y49/5 (右侧进气凸轮轴作动电磁阀) 的耗电量", 提示我们去检测部件 Y49/5 (右侧进气凸轮轴作动电磁阀) 的耗电量。这个检测引导过程大家还记得吗? 请看图 4-43 所示。大家按照讲过的方法自己尝试着引导检测一下吧! 在此不再给大家展示了。② "连接到部件 Y49/5 (右侧进气凸轮轴作动电磁阀) 的导线", 提示我们只需检测发动机控制单元到 Y49/5 (右侧进气凸轮轴作动电磁阀) 的线路是否有异常就可以了。③ "N3/10 [ME (发动机电控系统) 控制单元]", 如果提示部件 Y49/5 (右侧进气凸轮轴作动电磁阀) 和其到发动机控制单元的线路没有问题的话, 那么就是 N3/10 [ME (发动机电控系统) 控制单元]损坏了，我们直接更换一个新的发动机控制单元就可以了。

至此我们的"故障代码"条目讲完了，相信大家以后遇到有故障代码的车辆故障进行诊断时，会自己独立解决问题了。

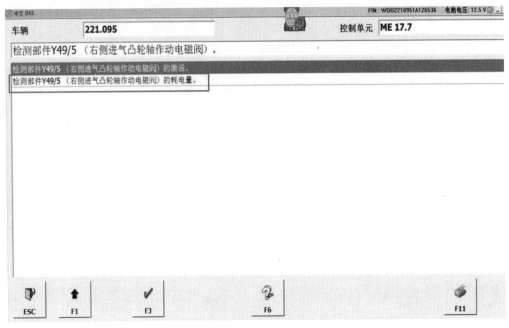

图4-43　检测Y49/5

4.4　结果存储器

打开结果存储器后我们可以看到如图4-44所示的界面，它由故障代码和故障说明组成，与"故障代码"基本一样。实际上它的"引导检测"使用也是一样的。

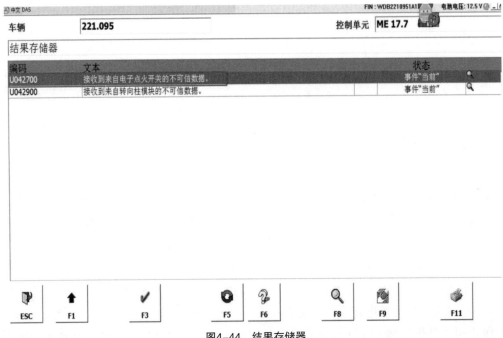

图4-44　结果存储器

例如，在图 4-44 中，我们选中故障编码"U042700 接收到来自电子点火开关的不可信数据，事件'当前'"。然后点击"F3"确认按钮，界面切换成如图 4-45 所示。

图4-45　可能的故障原因

从图 4-45 中可以看出，引导给出了"可能的故障原因"：① "中央 CAN 总线"。② "N73 ［EZS（电子点火开关）控制模块］"。由于与"故障代码"的逻辑是一样的，大家自己点击练习就可以了，在此我们不再赘述。

4.5　实际值

"实际值"顾名思义就是看数据的当前状态，也是我们常说的数据流。在没有故障代码时，这个是非常重要的分析依据。但是很多读者反馈，我们修奔驰车，不会分析怎么办？其实这是没有必要担心的。在奔驰诊断软件 DAS 中，用实际值（也就是数据流）的诊断检测故障，大家只要熟练掌握下面的两种方法，问题就会迎刃而解了。第一种方法是，有数据的标准值范围供大家参考。

看一个实例，如图 4-46 所示，在"标准值"列表中，都标注了它们的数值范围，若在"实际值"列表中的数值超出了其给出的标准值范围，那么这个数据就是不可信的了。我们也就找到了解决故障的方向，大大地提升了工作效率。

那么若是没有标准值范围或实际数据的确超出了标准值范围，技师还是不会继续诊断维修该怎么办呢？那就要认真学习"实际值"（也就是数据流）的诊断维修故障的第二种方法了。第二种方法是，实际值引导检测。

同样来看一个实例，比如说发动机的进气温度数据有问题，超出了标准值，该条目会以黑色背景显示，如图 4-47 所示。

那么问题来了，虽然看到此"实际值"不正常，该怎么排除检测故障呢？还有进气温度传感器在哪里？该如何检测呢？接下来我们来进行引导检测。首先鼠标选中"进气温度"项，然后点击"F3"，诊断软件 DAS 的界面就变成如图 4-48 所示了。

编号	名称	标准值	实际值	单位
448	发动机转速	[571...671]	621	1/min
622	进气管压力	[280...450]	360	hPa
340	进气管切换	短	短	
313	喷射时间，左侧	[1.0...3.0]	2.5	ms
314	喷射时间，右侧	[1.0...3.0]	2.5	ms
315	点火角度（左侧气缸列）	[0.0...20.0]	13.5	°
316	点火角度（右侧气缸列）	[0.0...20.0]	13.5	°
501	再生系统的脉冲负载系数	[0...95]	25	%
484	怠速识别	否/是	否/是	
335	进气凸轮轴位置 右侧	[35.0...37.0]	35.4	°
334	进气凸轮轴位置 左侧	[35.0...37.0]	35.6	°
333	排气凸轮轴位置 右侧	[-21.0...-19.0]	-20.1	°
332	排气凸轮轴位置 左侧	[-21.0...-19.0]	-20.5	°
446	挂入的行驶挡位	P/N	P/N	

图4-46 标准值

冷起动和预热时检测发动机。

编号	名称	标准值	实际值	单位
341	电动空气泵	关闭/打开	关闭/打开	
342	空气泵转换阀	已打开	已打开	
433	进气温度	<= 30	31	℃
443	电池电压	[12.0...15.0]	12.5	V
449	机油油位	正常	正常	
471	冷却液的温度	<= 30	29	℃
484	怠速识别	否/是	否/是	
610	发动机启动时的温度	<= 30	29	℃

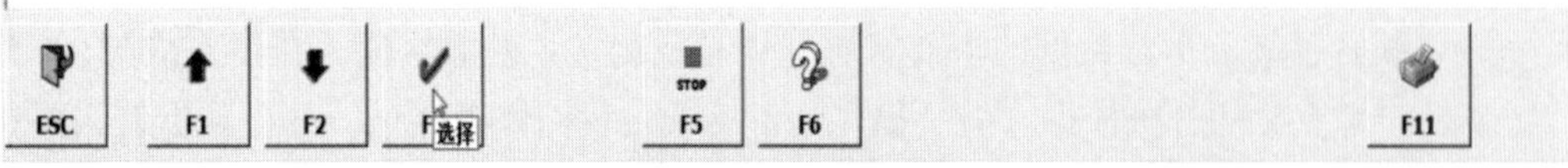

ESC	F1	F2	F选择	F5 STOP	F6	F11

图4-47 进气温度

相信大家对于图4-48这个界面还有印象吧！是的，此界面和我们之前所讲的"故障代码引导"是一样的界面了。接下来我们以第3个可能原因引导做展示，在图4-48中选中"检测部件B2/5b1（进气温度传感器）的内阻"，然后点击"F3"按钮，界面变成如图4-49所示。

从图4-49中我们可以看出，引导检测告知我们传感器和其针脚的具体安装位置，需要用电阻表测量，并且还告诉我们测量插头的2号和3号针脚的电阻。再结合左侧"标准值"对比，测量的数据如果与给出的"标准值"一致，点击"是"按钮，那么说明传感器B2/5b1内阻没问题。若测量的数据不一致，点击"否"按钮，那么很明显地说明B2/5b1内阻有问题，需要更换相关的配件。

至此，"实际值"条目讲解结束了，相信大家勤加练习，熟练掌握好的话，一定可以提高排除车辆故障的诊断效率。

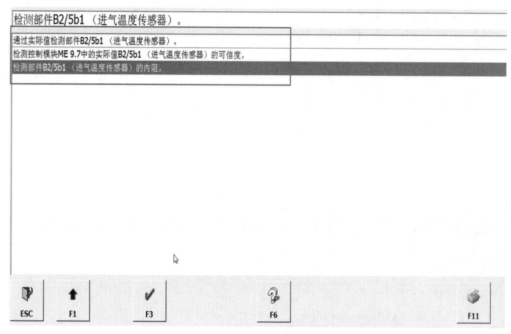

图4-48　检测B2/5b1

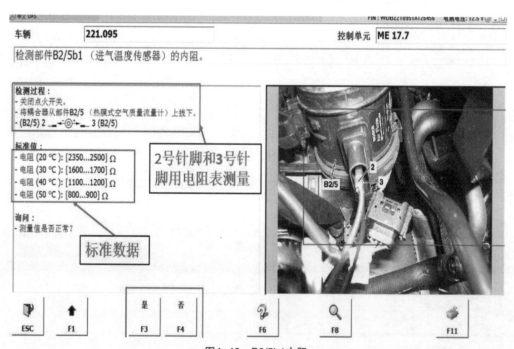

图4-49　B2/5b1内阻

4.6　激活

平时在工作中，我们对一些执行器的检测还有一个快捷的方法，特别是在没有故障代码的时候，我们可以通过激活或促动执行器让其工作，来判断执行器是否正常，快速缩小诊断范围。

举个简单的例子来说，一位客户反映奔驰车辆的喇叭不响，当然这个故障现象一般也没有故障代码。首先我们可以尝试通过奔驰诊断软件 DAS 来激活或促动喇叭，然后通过喇叭声音来判断。如果我们能听到喇叭响声，那么说明喇叭工作没问题，故障问题在喇叭开关这一路。相反，如果我们没能听到喇叭的响声，再结合 "实际值"应用，如果查看喇叭开关的实际值会变化，那么说明喇叭开关工作没有问题，故障问题在喇叭工作这一路。

我们掌握了这个思路之后，其他系统的类似的故障也就迎刃而解了。比如说，发动机燃油泵、电子风扇、车门玻璃升降、节气门等。现在用一个实例来说明，我们进行发动机喷油器的激活操作。

首先用奔驰诊断软件 DAS 进入"发动机控制单元"，点击选中"激活"条目，点击"F3"按钮，选中"Y62（燃油喷油阀）"，如图 4-50 所示。可以看到有很多部件都可以激活。

在图 4-50 中，我们点击"F3"按钮，界面变成如图 4-51 所示。我们根据需要可以选择要激活

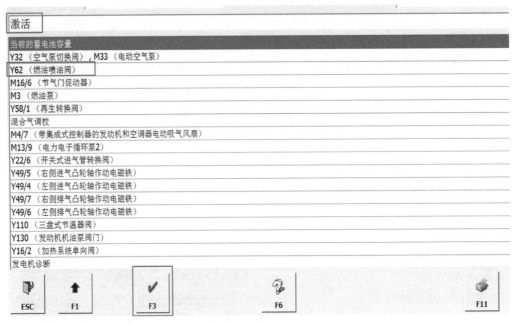

图4-50 激活界面

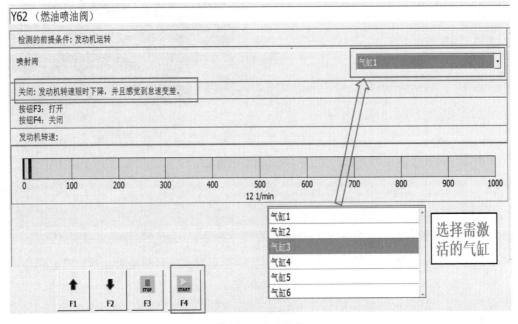

图4-51 气缸选择

哪个气缸的喷油阀（例如选择气缸 1）。图 4-51 中还教给我们判断方法，通过"关闭：发动机转速短时下降，并且感觉到怠速变差"来判断喷油阀是否可以正常工作。点击"F4"按钮开始激活，然后观察发动机运行状况。点击"F3"按钮停止喷油阀激活。

点击"F2"按钮，界面变成如图 4-52 所示的样式了。如果发动机的运转变成"关闭：发动机转速短时下降，并且感觉到怠速变差"，说明此气缸的喷油阀工作正常。

如果没有上述变化，下面该怎么继续维修呢？我们只需要在图 4-52 中点击按钮"否"就可以了，然后界面变成如图 4-53 所示。

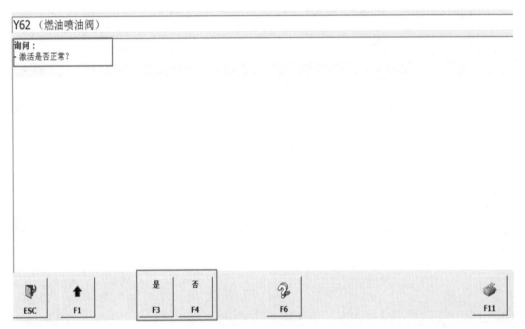

图4-52 结果询问

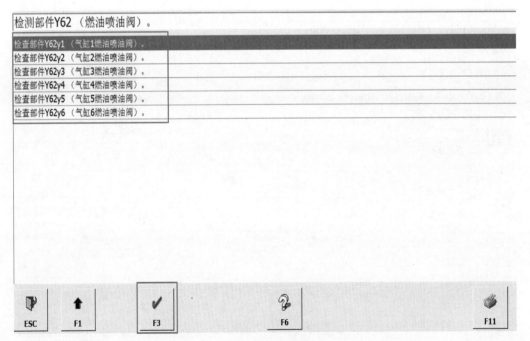

图4-53 喷油阀列表

上述步骤激活的是气缸 1，在图 4-53 所示的界面我们选中"检查部件 Y62y1（气缸 1 燃油喷油阀）"，继续点击"F3"按钮，看一下会发生什么变化。如图 4-54 所示，是不是变成了很熟悉的"故障代码"引导的界面，变成了"部件检测"排除故障的引导。从图 4-54 中可以看出，即使我们对这个喷油阀部件不太了解，对此款发动机的喷油阀的电压、电阻不了解，根据其引导也是可以教会我们排除故障的。

在图 4-54 中我们选择一个条目来展示一下。例如，我们选中"检测部件 Y62y1（气缸 1 燃油喷油阀）的内阻"，点击按钮"F3"，界面切换成如图 4-55 所示。从图 4-55 中我们可以看到，与之前讲述

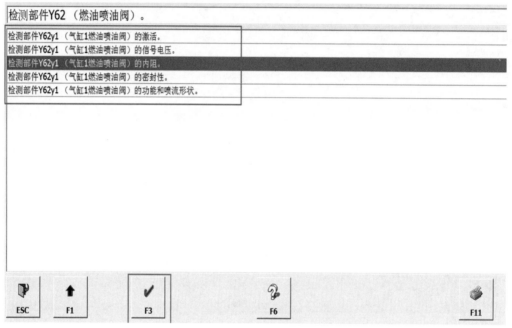

图4-54　选择检测部件Y62

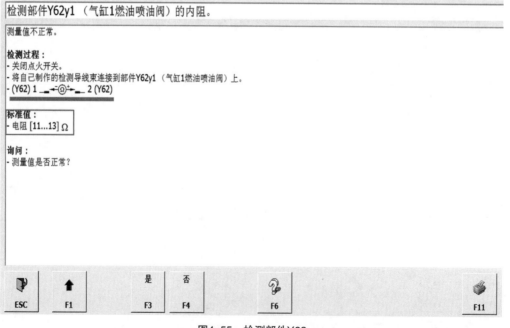

图4-55　检测部件Y62

的基本是一致的，对 Y62y1（气缸 1 燃油喷油阀）的 1 号和 2 号针脚测量电阻，测量得到的电阻值如果不在 11 ～ 13Ω 之间，说明 Y62y1（气缸 1 燃油喷油阀）已经损坏了，需要更换新的。

至此我们的"激活"讲解完了，其他的激活项目建议大家多多点击尝试练习。

4.7　试运行

"试运行"是维修时，在更换控制单元后用的。奔驰车辆大部分情况下换控制单元后需要做一次试运行。否则，车辆的一些功能不能正常使用，并报有故障代码。

我们来看看"试运行"的整个流程：

（1）在更换完或换之前进入相应的控制单元，我们以更换发动机控制单元为例进行介绍，如图 4-56 所示进入发动机控制单元，选中"试运行"。

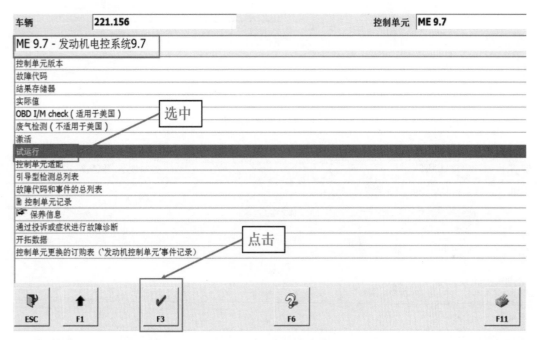

图4-56　发动机控制单元

（2）点击"F3"按钮，界面变成如图 4-57 所示。在此界面我们会发现有两个选项可供选择：第一种，"通过自动选取旧控制单元的设置进行试运行"，意思是把旧控制单元里适合此车的相关数据直接复制到新换的控制单元里；第二种，"通过手动设定新控制单元进行试运行"，意思是原车旧控制单元数据不能读取了，比如，控制单元进水、控制单元撞坏或丢失等。那么我们进行实际维修时，选择哪种呢？若原车旧控制单元还可以正常通信，可以读取数据，我们就选择第一种。当然，选择第一种也就意味着，当操作到这一步时，车上还是装着旧的控制单元。若原车的控制单元无法读取，我们就选择第二种。实际工作中各位技师，请根据维修车辆的实际情况进行选择。

（3）我们以旧控制单元可以读取为例进行展示。在图 4-57 中选中"通过自动选取旧控制单元的设置进行试运行"，然后点击"F3"按钮，界面变成如图 4-58 所示。从图 4-58 中可以看出，诊断软件 DAS 提示我们旧控制单元仍需要安装在车内。界面中接下来说明了试运行编程需要执行的整体步骤。

（4）从图 4-58 中可以看到，没有什么需要我们选择的，只需要点击"F2"按钮进入如图 4-59

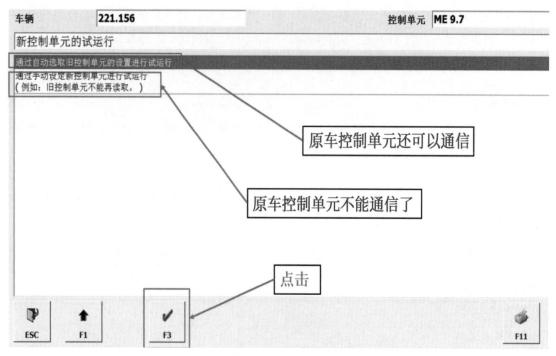

图4-57　试运行选择

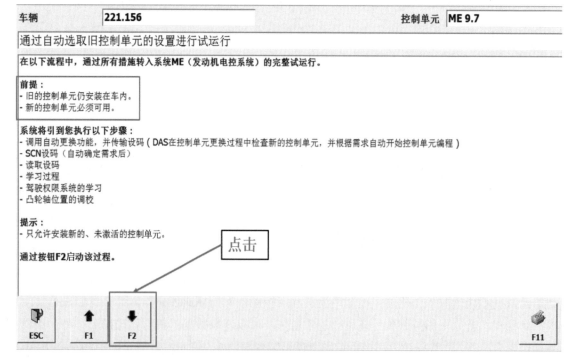

图4-58　步骤概览

所示界面即可。

（5）从图4-59中可以看出没有可选项目，但是此界面的警告信息一定要认真地阅读，并且必须严格执行。特别是电压要稳定在12.8～14V。否则新更换的控制单元有"编死"的风险。点击按钮"F2"继续，界面变成如图4-60所示，此界面提示我们需要连接网络，并保证网络连接稳定正常。

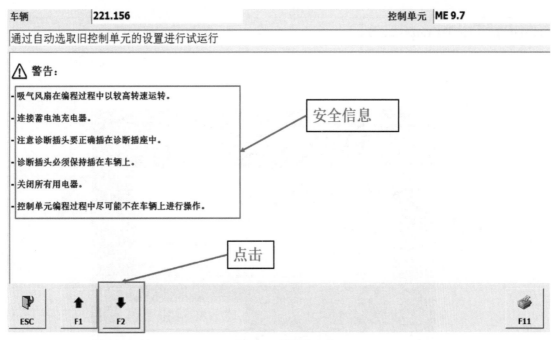

图4-59　警告信息

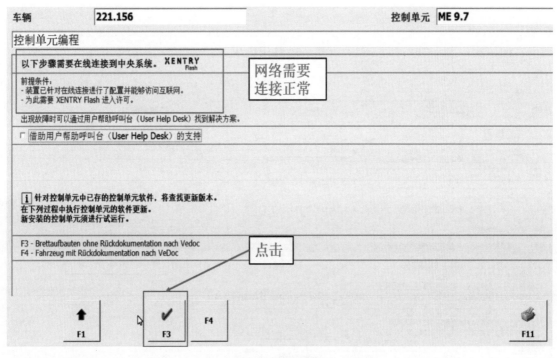

图4-60　联网提示

（6）在图 4-60 中可以看出，同样也不需要做任何选择，直接点击按钮"F3"确认，进入下一界面（图 4-61）即可。

在此界面需要输入奔驰的在线账号和密码。然后点击"Login"按钮就可以，接着界面变成如图 4-62 所示。在此界面可以看到编程需要的大概时间，并且再次提醒我们需要注意的一些关键注意事项。

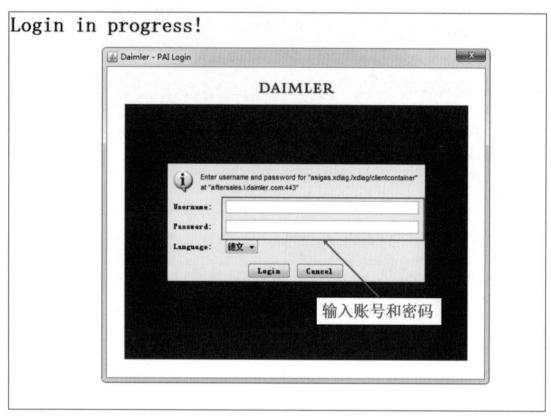

图4-61 账号窗口

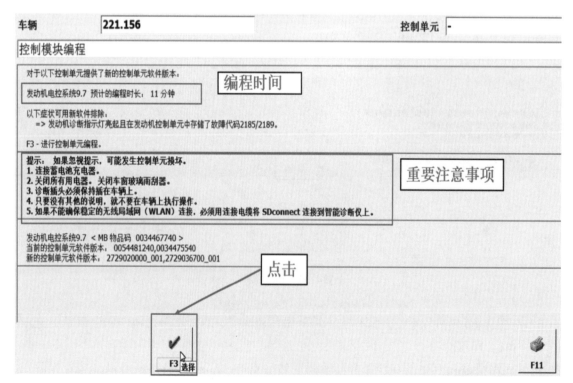

图4-62 变成信息

（7）在图4-62中点击按钮"F3"确认，界面变成如图4-63所示。在此界面只需慢慢等待就可以了，并且严格做到并遵守提示事项。

（8）在图4-63界面继续等待就可以了，并且严格遵守提示事项，如图4-64所示。

（9）在显示图4-64时等待，直到界面变成如图4-65所示，显示"控制单元编程已成功进行。""SCN

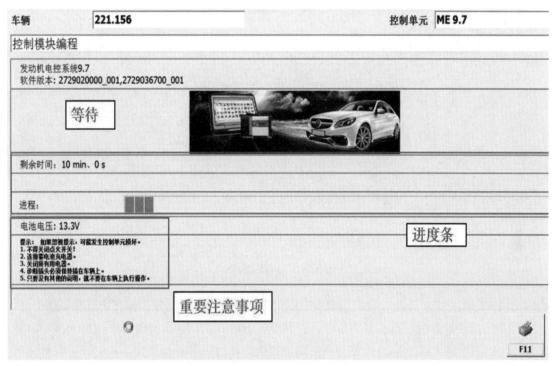

图4-63 编程中1

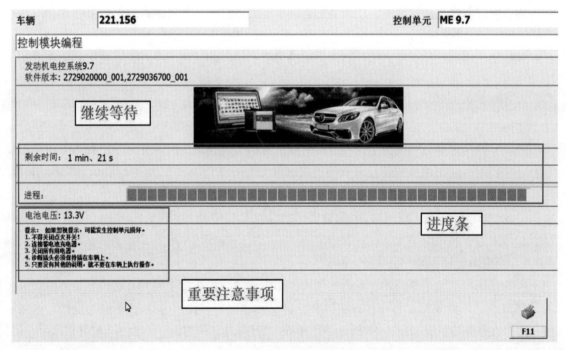

图4-64 编程中2

（软件校准号）设码过程已成功进行。"说明编程和设码已成功。然后点击按钮"F2"，退出步骤，至此更换发动机控制单元做"试运行"的整个流程就结束了。

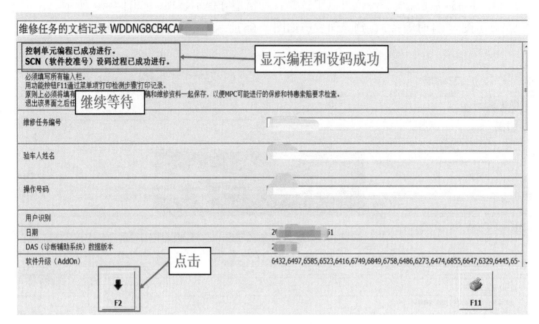

图4-65　试运行成功

最后我们来总结一下：首先，我们可以看出，"试运行"的整个流程是非常简单的，整个过程中，没有复杂的选择，只需要我们点击下一步即可；其次，需要我们注意执行编程中的提示事项；最后，也是重点，我们需要输入正确的编程账号和密码。那么，此时很多技师会问，我们没有账号怎么办？那么大家思考一下：①假如以前有了账号和密码，咱们会整个试运行或者编程步骤吗？②假如只需要别人的账号、密码和别人远程编程搞定，两种情况的费用是一样的吗？有时会出现，我们诊断排除故障加上拆装更换控制单元挣的费用，还没有别人远程一次挣得多，并且别人远程时基本还会对诊断电脑做黑屏处理，不让我们观看。那就应了我们的一句俗语"打铁还要自身硬"。希望这个试运行流程对大家有所帮助，当然关于不需要账号和密码解决编程和设码的问题，在其他资料里有详细介绍。

4.8　控制单元适配

关于"控制单元适配"是干什么用的，直接解释的话，不容易解释得清楚，因为这里边包含了很多具体的知识，但是这里面对我们工作最有用的或最常用的就是部件的匹配学习。例如天窗学习、节气门学习、座椅学习等。下面我们还是以发动机控制单元为例,向大家一一地进行展示。如图4-66所示，我们选择 "控制单元适配"条目，然后点击"F3"按钮。

在图4-66中点击完"F3"按钮后，界面就会切换成如图4-67所示。这个界面中包含了不同的设码、学习过程、修正编程和控制单元编程。

4.8.1　控制单元适配中"不同的设码"

"不同的设码"这里主要讲述了设码的问题。在工作中我们应用不同的方法查看是不是设码（软件）的问题造成的车辆故障，有 3 种方法。在控制单元适配中，我们选择 "不同的设码"，然后点击按钮"F3"，界面切换成如图 4-68 所示。图 4-68 中就是这 3 种方法：① SCN（软件校准号）设码。②设码数据的显示。③根据工厂说明设码。

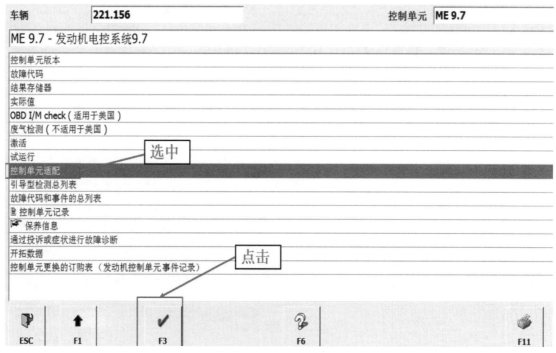

图4-66 发动机控制单元

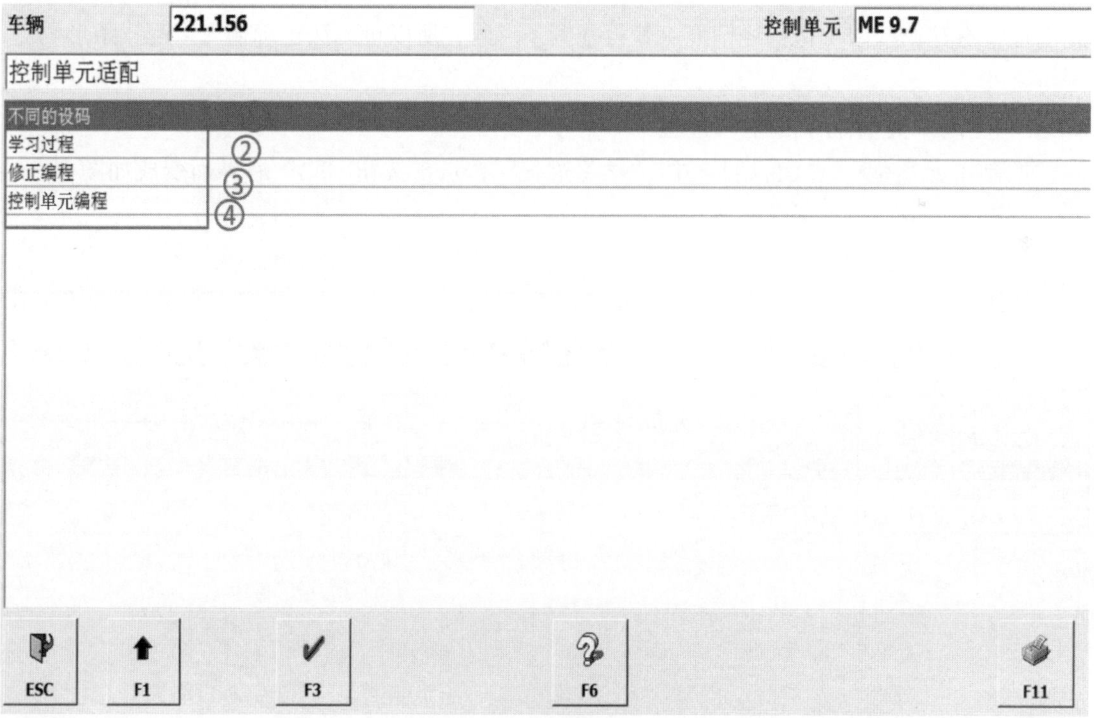

图4-67 控制单元适配

第一个 "SCN（软件校准号）设码" 很直接地让我们去做在线设码，通过在奔驰官方网站上，下载设码数据，然后覆盖本车的发动机控制单元上的设码数据。此方法可以很快地排除掉因为设码参数问题造成的车辆故障。但是对于修理厂来说，受制于账号密码的限制，实际操作起来不那么方便了，不过也可以通过奔驰超级工程师 DTS 跨过账号实现离线设码。第二个 "设码数据的显示" 可以直观

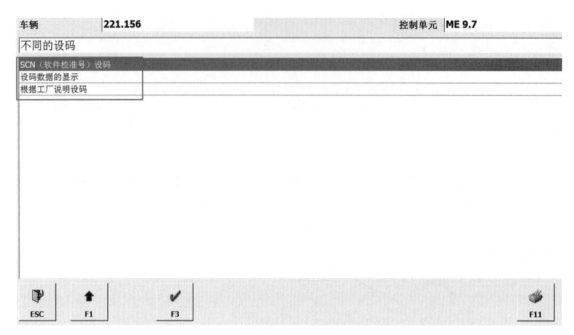

图4-68　不同的设码

地直接读取设码数据，查看是否真的是设码数据错误造成的故障。若设码数据都正常的，我们就没有必要再做在线设码了。否则，在 SCN 里直接做在线设码就可以了。第三个"根据工厂说明设码"，因为我们都没有这个权限（包括经销商）获得配置条形码，所以也无法正确输入"配置条形码"，在此就不再赘述了。

4.8.2　控制单元适配中"学习过程"

在"控制单元适配"界面我们选中"学习过程"，点击按钮"F3"后界面变成如图 4-69 所示

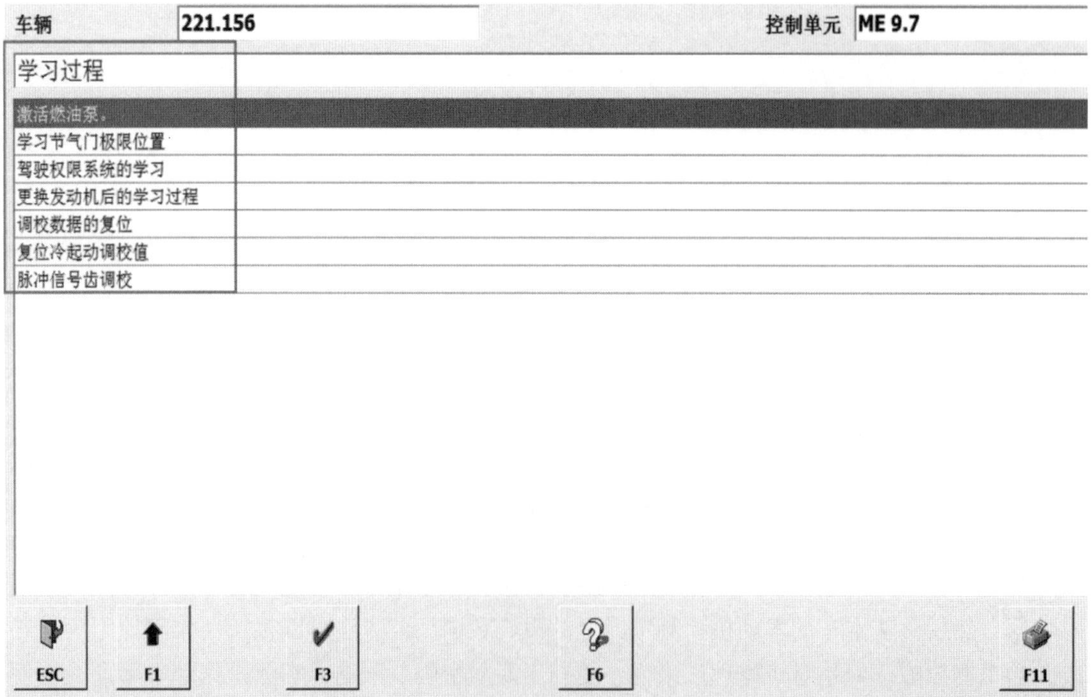

图4-69　学习过程

的界面了。我们可以很明显地看出，都是一些部件或数据的匹配学习，大家根据自己的实际工作情况去引导匹配学习就可以了。最常用的"学习节气门极限位置"也在这里，做完清洗发动机节气门后记得到这里进行匹配学习即可。还有在更换新的发动机后一定要记得做"更换发动机后的学习过程"。此界面的其他学习项目，在此就不再一一赘述了。

4.8.3　控制单元适配中"修正编程"

这个项目是很多技师在应用的，那么到底应该进行怎样的操作呢？例如，混合器浓、混合器稀可以调整吗？车辆发动机在怠速时抖动可以调整怠速吗？车辆在等红灯且 HOLD 模式下抖动怎么解决？

下面我们来解决这些问题，首先我们在"控制单元适配"界面中选"修正编程"，接着点击"F3"按钮确认，然后界面变成如图 4-70 所示的界面了。

图4-70　修正编程

根据不同的车型不同的发动机配置，修正编程里的项目也会有所不同。我们先来看看此界面中的4 个项目的作用。如图 4-71 所示，"点火开关的修正编程"，利用该修正可以向推迟方向更改点火正时，以免在油品较差时出现发动机爆震。

如图 4-72 所示，"燃油量的修正编程"，利用该修正可以对喷油量进行更改，调节混合器浓度。该修正会影响以下几种发动机运行状态，启动、再启动、暖机和加速。

如图 4-73 所示，"选挡杆位置在 P 或 N 时的怠速标准转速的修正编程"是提高发动机在 P 或 N挡时的发动机怠速值，例如解决车辆怠速抖动问题；"挂入行驶挡位时的怠速标准转速的修正编程"是提高发动机在行驶挡位时的发动机怠速值，例如解决车辆在 D 挡等红绿灯或堵车时怠速低的问题。

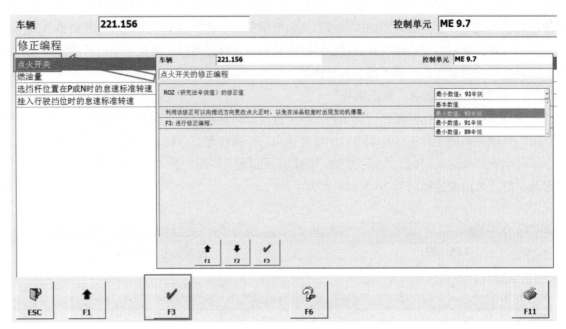

图4-71　点火开关修正编程

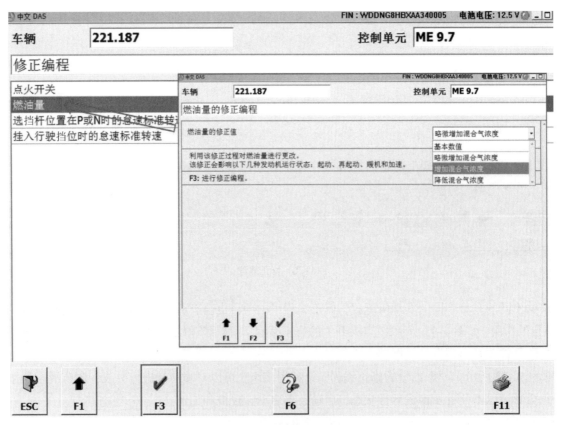

图4-72　燃油量修正编程

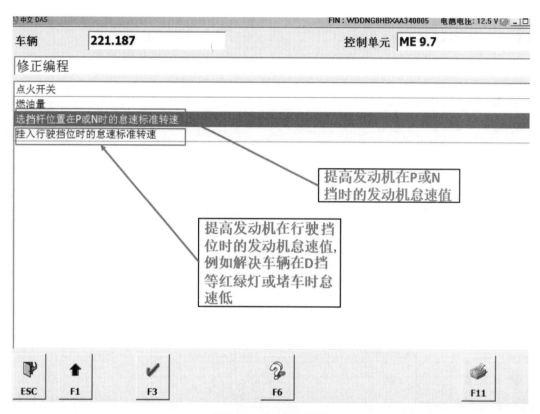

图4-73　怠速标准转速

4.8.4　控制单元适配中"控制单元编程"

"控制单元编程"的作用是对控制单元刷写程序，一般在奔驰车辆维修诊断排除故障或软件升级高级版本时，会用到控制单元重新编程来排除故障。

案例：一辆奔驰 WDD221187 车型，由于车辆长时间放置没有上路行驶，更换新的车载蓄电池后启动车辆依然没有反应，没有相关故障代码。最后故障排除方法，对发动机控制单元重新编程。

下面我们来看一下具体的操作步骤。在"控制单元适配"中，选择"控制单元编程"条目，如图4-74所示。

点击"F3"按钮，界面变成如图 4-75 所示，可以看到这是安全信息提示，一定要严格遵守，否则在编程过程中会有"编坏"控制单元的风险。

在图 4-75 中可以看出没有其他可以选择的按钮，只能选中并点击"F2"按钮，界面将会变成如图 4-76 所示。在此界面提示我们连接好在线网络。

如图 4-76 所示，同样我们只能选择并点击"F3"按钮。然后界面变成如图 4-77 所示，然后输入厂家的用户名和密码后点击登录，剩余的步骤和"试运行"的步骤基本是一致的，请大家查看参考，此处不再赘述。

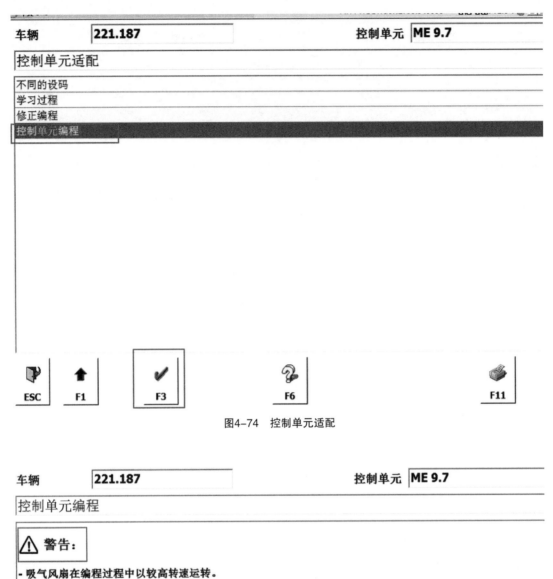

图4-74　控制单元适配

车辆　221.187　　　　　控制单元　ME 9.7

控制单元编程

⚠ 警告：

- 吸气风扇在编程过程中以较高转速运转。

- 连接蓄电池充电器。

- 注意诊断插头要正确插在诊断插座中。

- 诊断插头必须保持插在车辆上。

- 关闭所有用电器。

- 控制单元编程过程中尽可能不在车辆上进行操作。

图4-75　安全信息提示

车辆 221.187　　　　　　　控制单元 ME 9.7

控制单元编程

以下步骤需要在线连接到中央系统。 XENTRY Flash

☐ 借助用户帮助呼叫台（User Help Desk）的支持

ℹ️ 针对控制单元中已存的控制单元软件，将查找更新版本。
在下列过程中执行控制单元的软件更新。
新安装的控制单元须进行试运行。

F3 - DAS-Simulation ohne Rückdokumentation nach Vedoc

F1　　F3　　F11

图4-76　联网提示

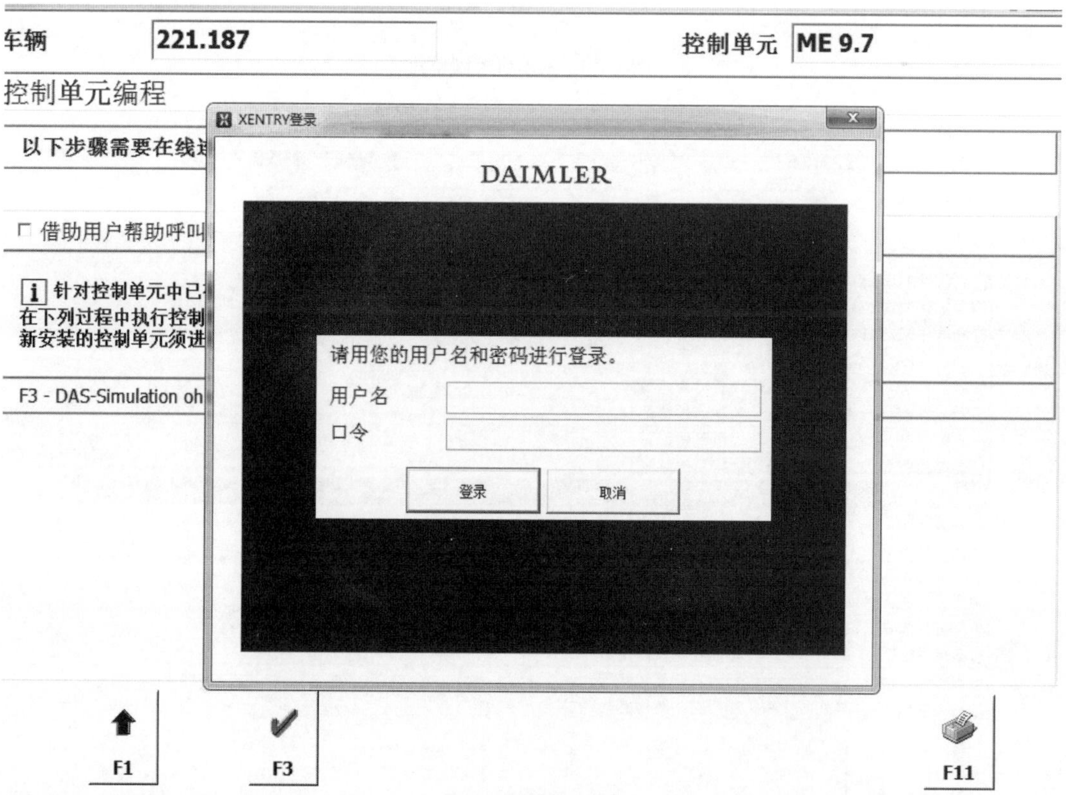

车辆 221.187　　　　　　　控制单元 ME 9.7

控制单元编程

以下步骤需要在线连

☐ 借助用户帮助呼叫

ℹ️ 针对控制单元中已
在下列过程中执行控制
新安装的控制单元须进

F3 - DAS-Simulation oh

XENTRY登录

DAIMLER

请用您的用户名和密码进行登录。

用户名 _____

口令 _____

登录　　取消

F1　　F3　　F11

图4-77　账号窗口

4.9　引导型检测总列表

"引导型检测总列表"的应用在是怀疑系统中某个部件有问题时，进行的逻辑引导检测。举例，技师怀疑一辆奔驰 WDD221187 车辆的发动机冷却液温度传感器有问题，但是技师对此车型的这款发动机或其冷却液温度传感器一点都不了解。那么该怎么检测排除冷却液温度传感器故障呢？如图 4-78

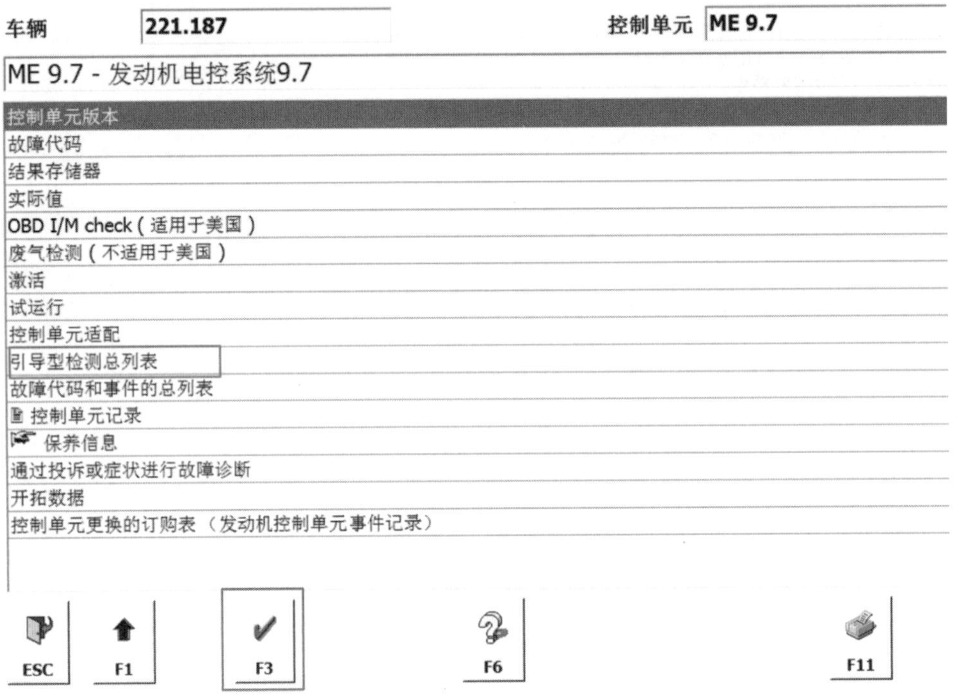

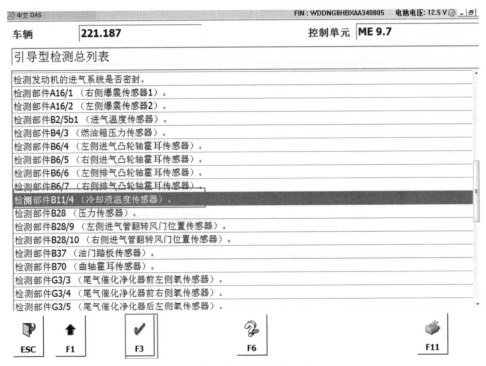

图4-78　发动机控制单元

图4-79　引导型检测总列表

所示，首先我们在发动机控制单元里选中"引导型检测总列表"，然后点击"F3"按钮。

界面就变成如图 4-79 所示的界面了。

在图 4-79 中我们选中"检测部件 B11/4（冷却液温度传感器）"后，接着点击"F3"按钮，界面就变成如图 4-80 所示的界面了。

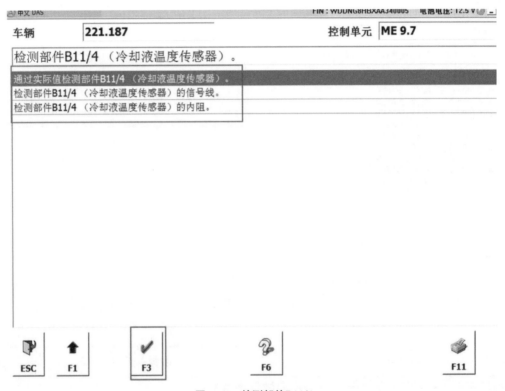

图4-80　检测部件B11/4

从图 4-79 中我们可以看到，根据奔驰诊断软件 DAS 的检测逻辑需要从 3 个方面进行排除检测：①通过实际值检测部件 B11/4（冷却液温度传感器）。②检测部件 B11/4（冷却液温度传感器）的信号线。③检测部件 B11/4（冷却液温度传感器）的内阻。现在我们从这 3 个方面详细介绍。

1）在图 4-80 界面上选中"通过实际值检测部件 B11/4（冷却液温度传感器）"条目，然后点击按钮"F3"，界面切换成如图 4-81 所示。

在"相应的实际值状态"中查看数据，然后和"标准值"列表对比即可。如果实际值和标准值列表中的数据一致，则在图 4-81 中点击"是"按钮。这说明传感器没有问题，不需要做任何检测。如果实际值和标准值列表中的数据不一致，我们只需要在图 4-81 中点击"否"按钮，界面切换成如图 4-82 所示，可以看出奔驰诊断软件 DAS 让我们检测导线和传感器本身。

此时可能会有技师提出问题，导线会检测，可是电路图不会找，即使找到也看不懂？还有以前很少维修奔驰，对于传感器 B11/4（冷却液温度传感器）也不会检测好坏。

现在大家先不要担心这个问题［（当然有些刚入行的技师，对于部件 B11/4（冷却液温度传感器）的安装位置也不会找，这在奔驰维修资料查询软件 WIS 部分有详细介绍］。下面只需要在图 4-82 中点击"F2"按钮，然后界面切换成如图 4-83 所示，可以看到第二条和第三条正是我们担心的问题的解决方案。

车辆
221.187
控制单元
ME 9.7
通过实际值检测部件B11/4（冷却液温度传感器）。
检测的前提条件：
- 该实际值不正常。
检测过程：
- 打开点火开关。
相应的实际值状态：
冷却液温度: 12.3 °C
冷却液温度传感器 (信号电压): 12.3 V
标准值：
- 电压 [20 °C]: [3.45...3.32] V
- 电压 [30 °C]: [2.93...2.82] V
- 电压 [40 °C]: [2.41...2.32] V
- 电压 [50 °C]: [1.93...1.86] V
- 电压 [60 °C]: [1.51...1.46] V
- 电压 [70 °C]: [1.18...1.13] V
- 电压 [80 °C]: [0.90...0.87] V
- 电压 [90 °C]: [0.70...0.67] V
- 电压 [100 °C]: [0.54...0.25] V
- 电压 [110 °C]: [0.42...0.40] V
询问：
- 测量值是否正常？
ESC
F1
是
F3
否
F4
STOP
F5
F6
F11

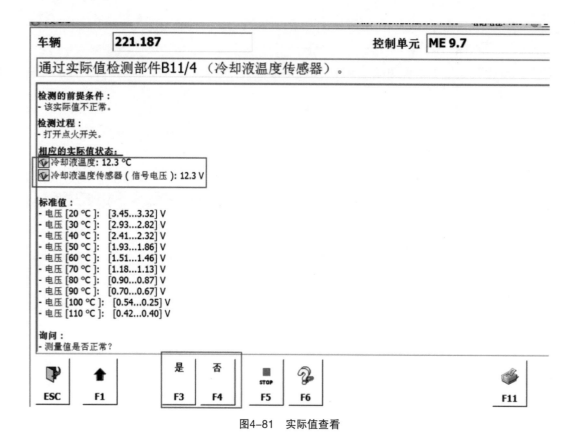

图4-81 实际值查看

车辆
221.187
控制单元
ME 9.7
通过实际值检测部件B11/4（冷却液温度传感器）。
该测量值不正常。
可能的原因和救助：
- 从部件B11/4（冷却液温度传感器）连接到部件N3/10（ME（发动机电控系统）控制单元）的导线
- B11/4（冷却液温度传感器）
检测结束
ESC
F1
F2
F6
F11

图4-82 可能的方案

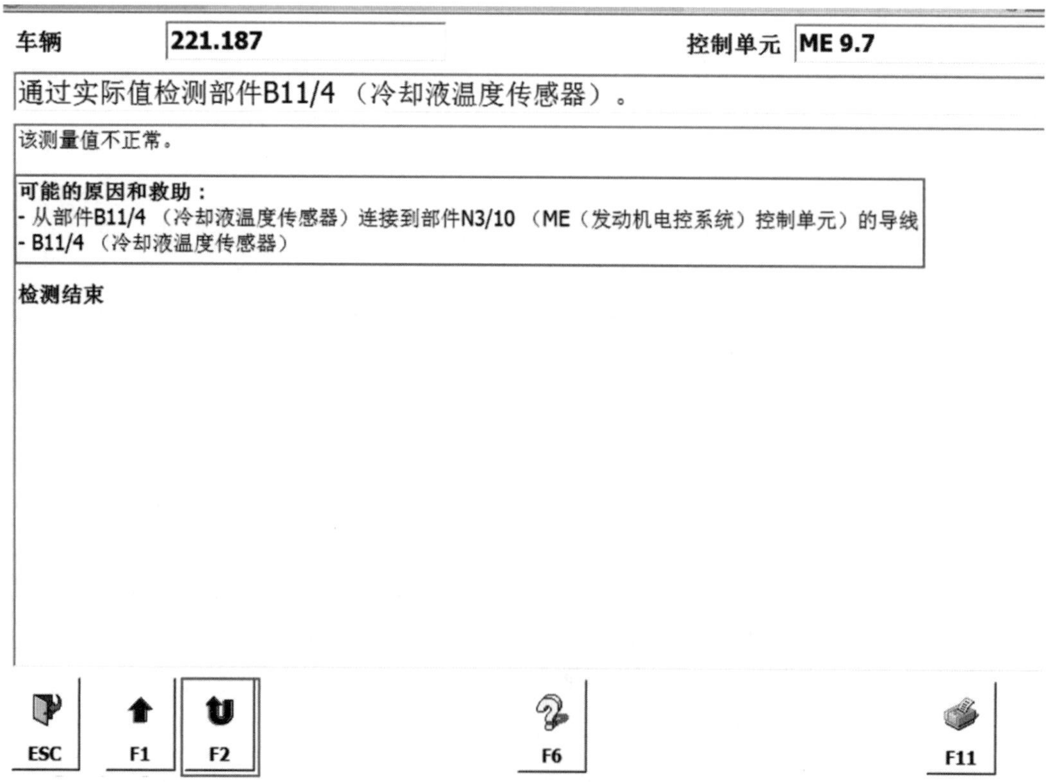

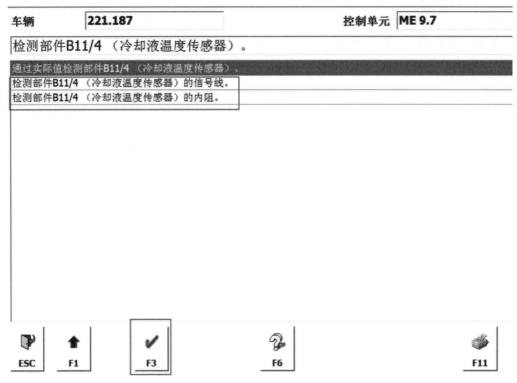

图4-83　检测部件B11/4

2）在图 4-83 所示的界面选中"检测部件 B11/4（冷却液温度传感器）的信号线"，然后点击按钮"F3"，界面切换成如图 4-84 所示。我们可以看出"标准值"的操作方法，断开 B11/4（冷却液温度传感器）的插头和短接 B11/4（冷却液温度传感器）的插头，然后查看"相应的实际值状态"数据的变换，是否变成 5V 和 0.5V，以此来判定 B11/4（冷却液温度传感器）到发动机控制单元的线束是否正常。

大家根据实际情况来选择下面的"是"或"否"。选择"是"的话，说明线束没有问题；选择"否"的话，说明 B11/4（冷却液温度传感器）到发动机控制单元的线束有问题，然后去排除就可以了。

从诊断软件 DAS 引导检测的方式也可以看出，通过引导检测打破了我们传统的上试灯和万用表检测排除线束故障的方式。我们只需要在诊断软件 DAS 上按照其指导点一点，就可以发现有些数据根本不用查找电路图或者拿万用表测量，利用奔驰诊断软件 DAS 大大提高了排除故障的工作效率。

3）选中图 4-83 中的"检测部件 B11/4（冷却液温度传感器）的内阻"条目，接着点击按钮"F3"，然后界面切换成如图 4-85 所示。可以看到诊断软件 DAS 直接给出了如何检测 B11/4（冷却液温度传感器）内阻的方法和标准值列表，如果测量值和标准值列表一致说明 B11/4（冷却液温度传感器）没有问题，请检测其他方面；如果测量值和标准值列表不一致，则需要更换新的 B11/4（冷却液温度传感器）。

4.10　故障代码和事件的总列表

"故障代码和事件的总列表"是我们上面讲到的"故障代码"和"结果存储器"的故障代码的数据库，使用方法大致是一样的。唯一不一样的是"故障代码"和"结果存储器"只有车辆出现故障时才会报出故障代码，然而"故障代码和事件的总列表"不管车辆有没有故障，这个故障代码数据库一直存在。一般应用在我们尝试删除故障代码后，故障代码暂时又没有重现，我们又想做一下故障代码引导的情况。

| 车辆 | 221.187 | | 控制单元 | ME 9.7 |

检测部件B11/4（冷却液温度传感器）的信号线。

检测过程：
- 打开点火开关。

相应的实际值状态：
冷却液温度传感器（信号电压）：12.3 V

标准值：
- 当部件B11/4（冷却液温度传感器）上的耦合器拔出时，数值约为5 V。
- 在拔出的部件B11/4（冷却液温度传感器）耦合器上跨接插针1和插针2。数值小于0.5 V。

询问：
- 实际值是否正常？

| ESC | F1 | 是 F3 | 否 F4 | STOP F5 | F6 | F11 |

图4-84　信号线测量

| 车辆 | 221.187 | | 控制单元 | ME 9.7 |

检测部件B11/4（冷却液温度传感器）的内阻。

检测的前提条件：
- 该实际值不正常。

检测过程：
- 关闭点火开关。
- 拔出部件B11/4（冷却液温度传感器）上的插头。
- （B11/4）1 ＿＿—⊙—＿ 2（B11/4）

标准值：
- 电阻 (20 ℃)：[3030...3130] Ω
- 电阻 (30 ℃)：[1950...2050] Ω
- 电阻 (40 ℃)：[1275...1375] Ω
- 电阻 (50 ℃)：[850...950] Ω
- 电阻 (60 ℃)：[600...650] Ω
- 电阻 (70 ℃)：[420...460] Ω
- 电阻 (80 ℃)：[305...335] Ω
- 电阻 (90 ℃)：[220...240] Ω
- 电阻 (100 ℃)：[160...180] Ω
- 电阻 (110 ℃)：[120...140] Ω

询问：
- 测量值是否正常？

| ESC | F1 | 是 F3 | 否 F4 | F6 | F11 |

图4-85　内阻列表

举例：一辆奔驰 WDD221187 的车，发动机故障灯报警，报有相关的故障代码："P001000 进气凸轮轴（气缸列 1）促动器存在电气故障或断路"，如图 4-86 所示。

对于这个故障代码，技师想验证一下，删除之后没有故障代码了，我们该怎么做故障引导呢？此时我们只需要记住故障代码的"编码"就可以了（建议大家删除故障代码之前先用手机相机做记录）。

现在有了故障代码"P001000"，用 DAS 诊断软件奔驰进入发动机控制单元，接着选中"故障代码和事件的总列表"条目，点击按钮"F3"，如图 4-87 所示。

图4-86　故障代码

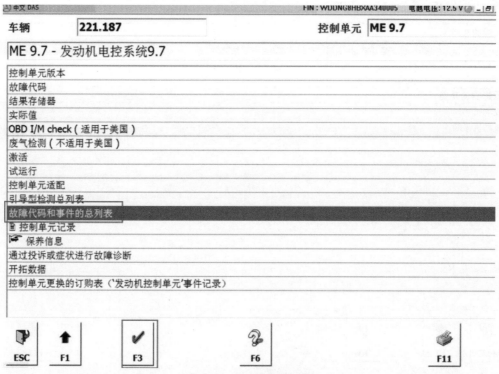

图4-87　发动机控制单元

在图 4-88 中我们点击"F3",界面切换成如图 4-89 所示。从图中可以看到有我们要找的故障代码 P001000,那么能不能做故障代码引导呢?我们接着尝试一下。

在图 4-88 中,选中"P001000 进气凸轮轴(气缸列 1)促动器存在电气故障或断路"条目,点击"F3"

图4-88　故障代码和事件总列表

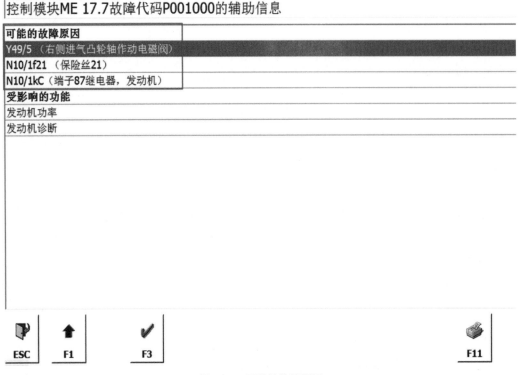

图4-89　可能的故障原因

按钮,界面切换成如图 4-89 所示。大家看到此界面是否熟悉呢？我们在"故障代码"部分已经详细讲过。剩余的引导检测步骤请大家回顾"故障代码"部分，在这里不再赘述。

4.11　通过投诉或症状进行故障诊断

"通过投诉或症状进行故障诊断"是根据客户的投诉或者根据车辆的故障现象进行的电脑逻辑的引导诊断。那么我们举一个大家都熟知的常见案例，看看我们的诊断思路和电脑诊断逻辑是否一致。

举例：一辆奔驰 WDD221187 车型，客户反映车辆启动不着车，启动发动机没有任何反应。那我们该怎么入手检测呢？怎么从大局把控呢？怎么做到一个部件排除了，接着清楚明白下一步怎么诊断呢？此刻希望大家暂停一下，在自己笔记本上认真地总结一下启动不着车的可能原因，然后和诊断电脑的可能原因对比一下，以帮助我们更好地提高自己的诊断逻辑思维。

大家结合自己总结的启动不着车的维修思路，看看奔驰诊断软件 DAS 的引导逻辑。首先通过诊断软件 DAS 进入发动机控制单元，接着选中"通过投诉或症状进行故障诊断"条目，然后点击"F3"按钮，如图 4-90 所示。

在图 4-90 中点击"F3"按钮后，界面切换成如图 4-91 所示的界面了，按照其"可能的原因和救助"条目引导和排除。客户反映的车辆启动不着车的故障，启动车没有任何反应的情况就迎刃而解了。因为在之前的部分我们已经详细讲过"引导检测"的方法步骤，所以在此处就不再赘述了。

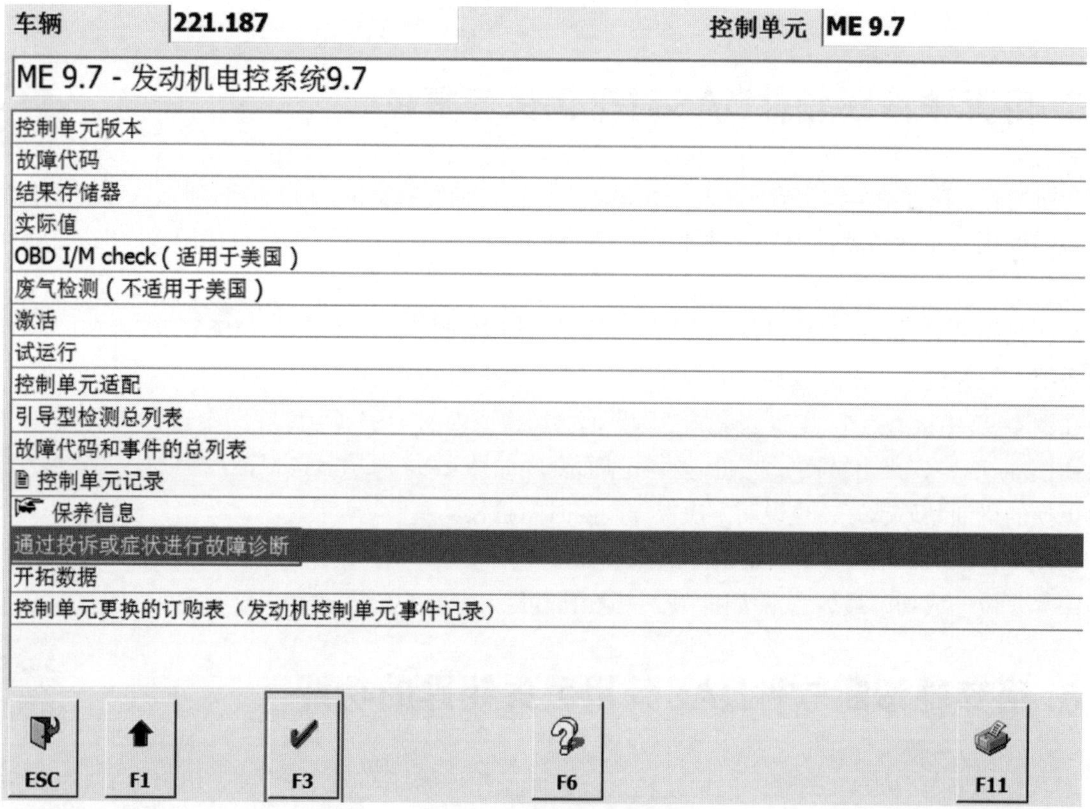

图4-90　发动机控制单元

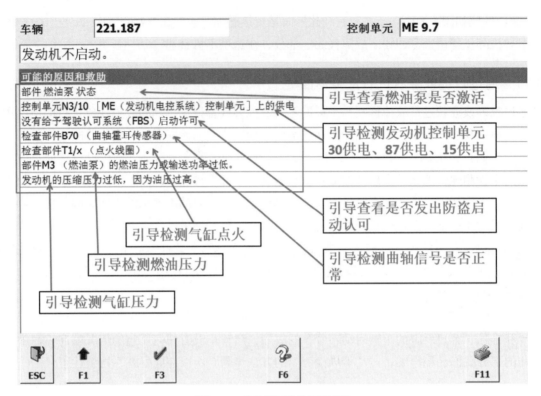

图4-91　发动机不启动原因列表

5. 用奔驰诊断软件DAS对车辆保养复位

众所周知，在奔驰车辆维修保养中，在仪表上可以手动保养复位，但是有时却怎么也复位不成功，此时就需要用奔驰诊断软件 DAS 来复位了。当然你若不用手动保养复位，直接用诊断电脑复位也是可以的。

下面我们来看看具体操作复位的方法，首先在全车快速测试界面找到"ASSYST PLUS（主动保养提示系统）"并进入，然后选择"一般保养"条目，如图 4-92 所示。

在图 4-92 中接着点击"F3"按钮，然后界面会切换成如图 4-93 所示，在图中选中"确认总保养"。

在图 4-93 中，点击"F3"按钮，然后界面变成如图 4-94 所示。选择油品级别，图中数字越高代表更换的机油品质越好，也说明下次保养间隔时间越长。

在图 4-94 中点击"F3"按钮，界面变成如图 4-95 所示。在图上可以看到"总保养已确认"，说明保养复位已成功，最后点击按钮"F2"退出即可。

6. 用奔驰诊断软件DAS禁用丢失钥匙的功能

用奔驰诊断软件 DAS 删除丢失钥匙轨道，具体操作如图 4-96 所示，首先用奔驰 DAS 诊断软件进入"EZS（电子点火开关）"控制单元，接着选中"控制单元适配"，然后点击"F3"。

界面变成如图 4-97 所示，然后选中"禁用钥匙或钥匙轨道"条目，接着点击"F3"按钮，剩余的操作步骤，按照诊断软件 DAS 的说明，一步一步往下操作就可以删除钥匙轨道了，也就是我们常说的把丢失的车辆钥匙的功能禁用。

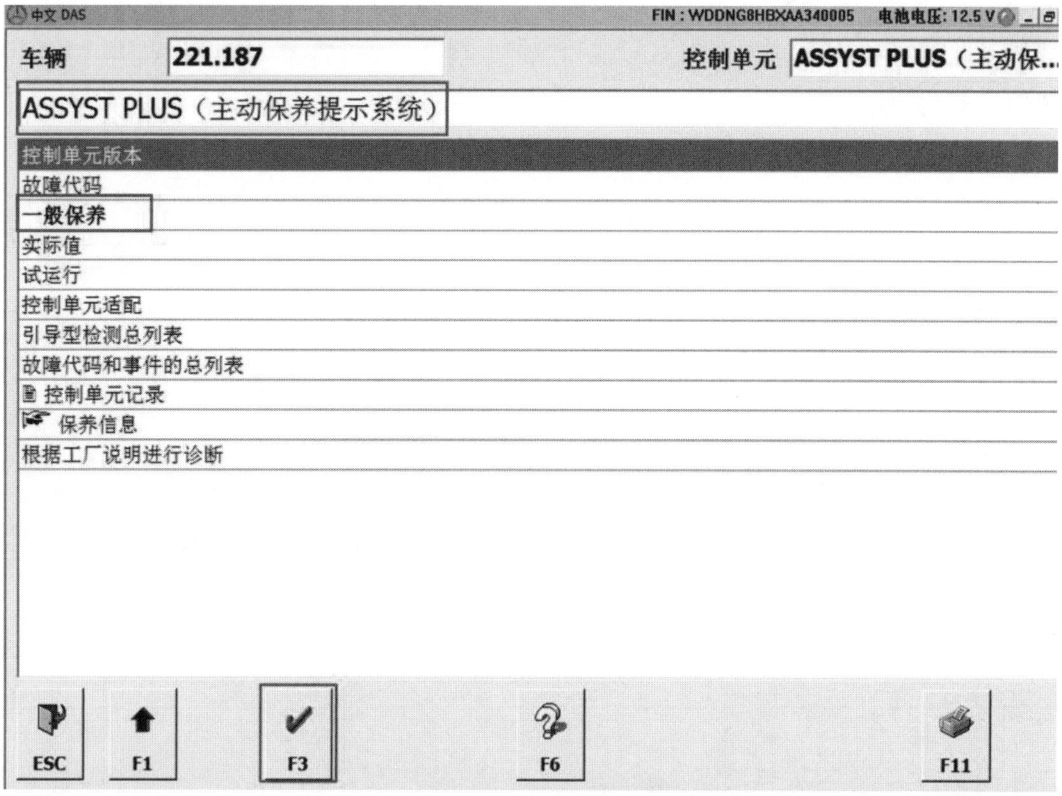

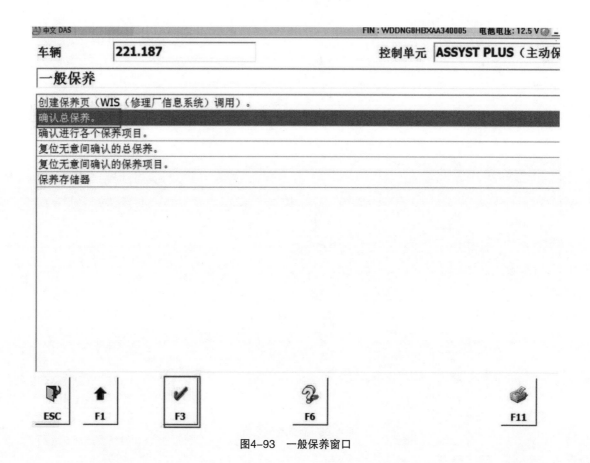

图4-92　主动保养提示系统

图4-93　一般保养窗口

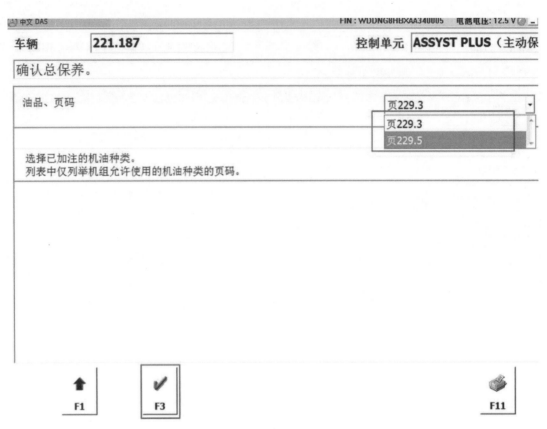

图4-94 油品级别选择

图4-95 保养复位成功

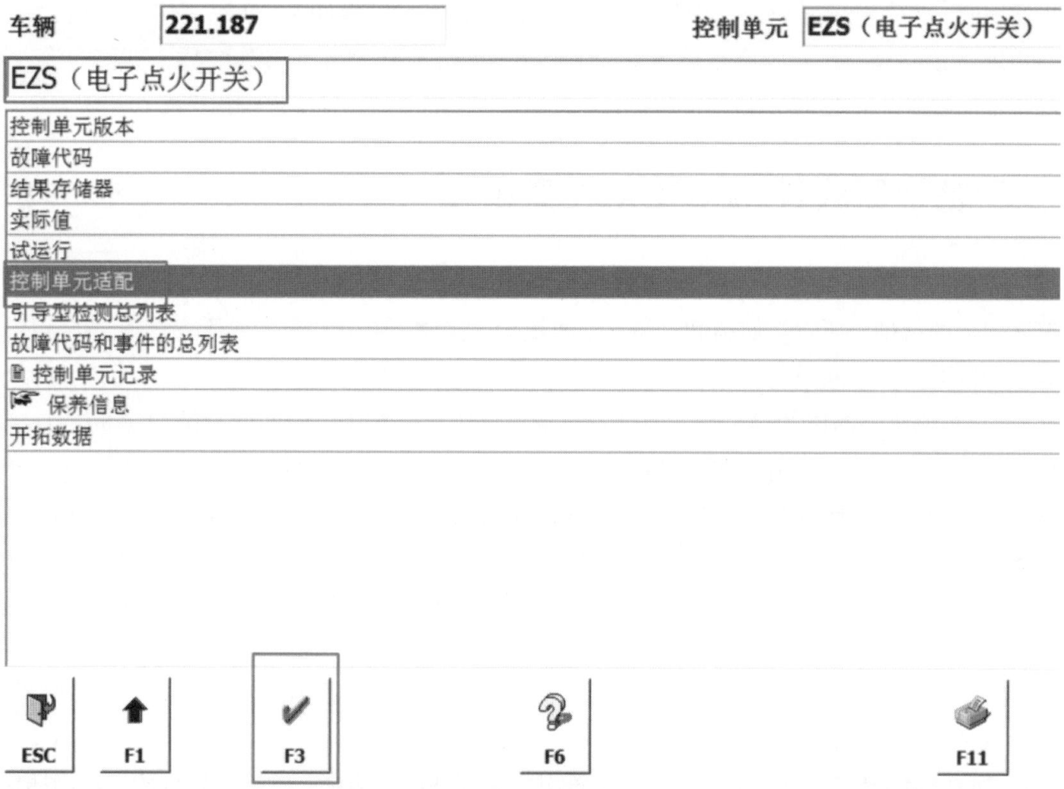

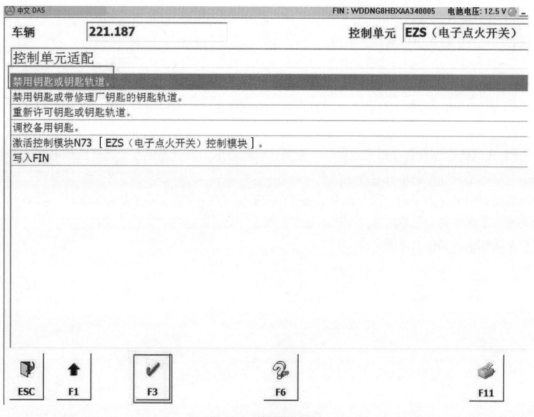

车辆　　221.187　　　　　　　　　　　控制单元　EZS（电子点火开关）

EZS（电子点火开关）

控制单元版本
故障代码
结果存储器
实际值
试运行
控制单元适配
引导型检测总列表
故障代码和事件的总列表
控制单元记录
保养信息
开拓数据

ESC　　F1　　　F3　　　　　F6　　　　　F11

图4-96　点火开关控制单元

FIN：WDDNG8HBXAA340005　电池电压：12.5 V

车辆　　221.187　　　　　　　　　　　控制单元　EZS（电子点火开关）

控制单元适配

禁用钥匙或钥匙轨道。
禁用钥匙或带修理厂钥匙的钥匙轨道。
重新许可钥匙或钥匙轨道。
调校备用钥匙。
激活控制模块N73〔EZS（电子点火开关）控制模块〕。
写入FIN

ESC　　F1　　　F3　　　　　F6　　　　　F11

图4-97　控制单元适配

当然还有一些其他的编码或者刷隐藏，我们将会在奔驰诊断软件 XENTRY 中讲解，请大家参考。"禁用钥匙轨道"操作步骤并没有那么难，学会诊断软件 DAS 基本的操作之后，其他的深入操作，就显得非常简单了。在此也希望大家，一定要挤出时间多加练习，做到熟能生巧。

视频二维码

7. 奔驰诊断软件DAS使用注意事项

从分享的奔驰诊断软件 DAS 操作功能上，我们可以发现其功能非常强大。给技师维修诊断奔驰车辆带来很大的帮助，所以在使用的时候一定要规范地操作，在此列出一些注意事项，请大家在维修时多爱护我们的高级诊断设备。

（1）对车辆进行测试和诊断操作时保持车辆电压供给。对于长时间的测试和诊断操作，由于电流要求较高，因此必须连接蓄电池充电器，以维持车载电源电压。建议使用充电电流至少为 30A，充电电压至少为 13.5V 的充电器，否则车载电气系统蓄电池可能会亏电，造成车载蓄电池或者某些控制单元损坏。

（2）在诊断车辆时，若要断开连接，请一定确保完全退出诊断软件 DAS 后，再拔下车上诊断插头，否则可能损坏车辆控制单元或诊断软件程序。

（3）原则上每次更换部件后都要进行部件测试，如测试更换控制单元后一切正常，就不用再做控制单元试运行了，编程或设码也不需要了。

（4）重新插接电气或者气动接头后，应该对相关部件进行测试，以确保接头已经正确插接。

（5）在故障代码的诊断测试过程中，系统可能会出现一条故障代码，操作人员可以用"是"或者"否"按钮确认是否存在相应的情况。

（6）在故障代码的诊断测试过程中，系统可能会出现其他一些可以忽略的故障代码，如没有故障症状的话，我们也是可以直接忽略的。

（7）只有诊断决策树确实要求用短路或者断路方法，让系统产生故障时，才允许进行相应的短路或者断路操作。

（8）在做检测或故障引导时，一定要注意认真阅读每一步的安全提示和描述，以免造成不必要的损失。

（9）我们的诊断设备是电子部件，一定要注意防静电。关于避免电子部件因静电放电引起损坏的提示：电子部件和控制单元对静电放电（ESD）非常敏感。通常损坏可能不会立即显现，而是在一段时间后变得明显。为了避免因车辆电子装置中的静电放电（ESD）造成故障和损坏，必须考虑并遵照相关操作步骤和安全注意事项。生产以及维修作业期间，在运输、操作、测试、拆卸和安装电子部件时存在损坏电子部件的风险。

第五部分　奔驰配件查询软件EPC篇

1. 奔驰配件查询软件EPC简述和软件打开方法

视频二维码

在这一部分我们来学习奔驰配件查询软件 EPC，EPC 是车间配件查询系统。奔驰配件查询软件 EPC 在车间应用也是比较广泛的。配件查询软件 EPC 可以详细地查询到车上配件的配件号码，这样我们在根据配件号码订配件时就不会出现问题，避免了出现订错配件的情况发生，提高了维修车辆的效率；这个软件还可以实现查找部件安装位置，例如技师在大拆了一辆奔驰车辆，1 个月后再去恢复车辆部件时，多少会有一些小的支架、小的配件不好找到安装位置，此时就可以应用配件查询软件 EPC 快速找到此部件的大体安装位置。

图5-1　奔驰EPC图标

下面我们来看一下如何打开奔驰配件查询软件 EPC。首先在诊断电脑桌面上找到蓝色的火花塞按钮（注意：有的电脑上是红色小汽车 WIS 按钮），如图 5-1 所示，双击打开就可以了。

双击 EPC 图标之后，界面就变成了如图 5-2 所示的样子了，在这个界面我们输入用户"admin"，口令"12345"就可以了。

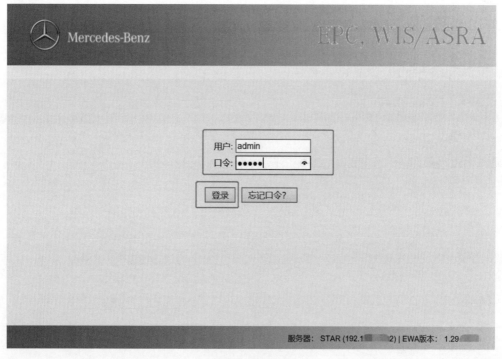

图5-2　登录窗口

接着点击"登录"按钮，界面就会切换成如图 5-3 所示的样子了。在此界面我们单击左边的 EPC 图标就可以了。

在图 5-3 中点击 EPC 图标后，有的电脑会弹出安全信息，如图 5-4 所示，然后在"我接受风险并希望运行此应用程序"的前面框中点一下选中，接着点击"运行"按钮，然后等待进入 EPC 操作界面。

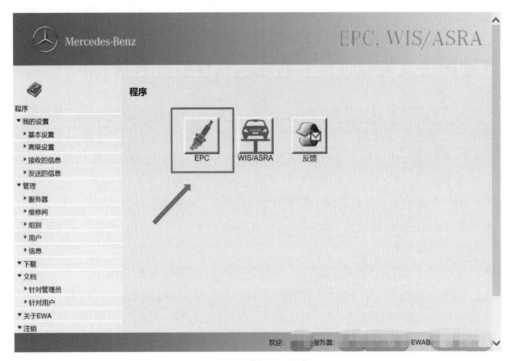

图5-3　选择EPC图标

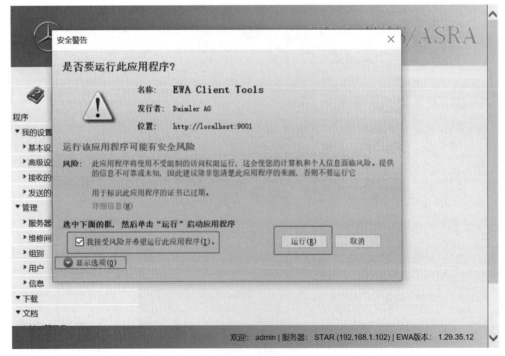

图5-4　安全提示

注意：①可能因为大家电脑的配置不同，所以进入软件的时间不一样。大家需要耐心等待，直到进入 EPC 系统。②如果等了很久还是打不开，请关闭诊断电脑的无线网络，然后按照上面的步骤再打开 EPC 就可以了。打开后的 EPC 界面详情如图 5-5 所示。

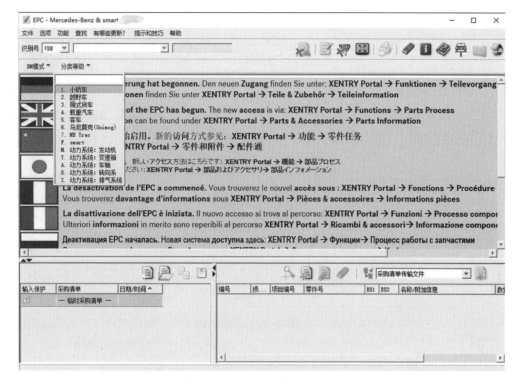

图5-5　EPC界面

2. 奔驰配件查询软件EPC用户界面介绍

从图 5-6 中的 EPC 界面布局来看，用户界面分成不同的区域，排列清晰明了。下面我们详细地来说明这些区域。

a. 菜单栏：菜单栏包含用于在 EPC 中调出其他功能的子菜单。

b. 车辆 / 机组识别：在车辆 / 机组识别中确定想要为之找到零件信息的车辆或机组的数据。确定车辆 / 机组数据的重要规则：车辆 / 机组数据确定得越准确，EPC 中找到的信息越准确；最理想的情况是通过说明车辆识别号确定车辆 / 机组数据。输入车辆的识别号时，可以通过"数据卡"图标显示车辆 / 机组的数据卡；如果只知道车辆 / 机组的型号名称信息，则通过下拉菜单 / 信息栏确定车辆 / 机组数据。

c. 工具栏：通过工具栏可以从中心位置调用 EPC 的重要功能。可以调用的功能如图 5-7 所示。

d. 模式窗口：模式控制 EPC 中的使用情况。在输入识别号时自动激活型号模式。大体上分 3 个模式：① BM 模式（型号模式）和 SA 模式（选装装备模式），主要是确定零件。②油漆 / 工作液模式，确定油漆 / 工作液。③专用工具模式，确定专用工具。

e. 型号 / 选装装备模式零件清单（零件）：在零件清单中进行零件确定并将零件加入采购清单中，也就是我们常用的查找配件编号。

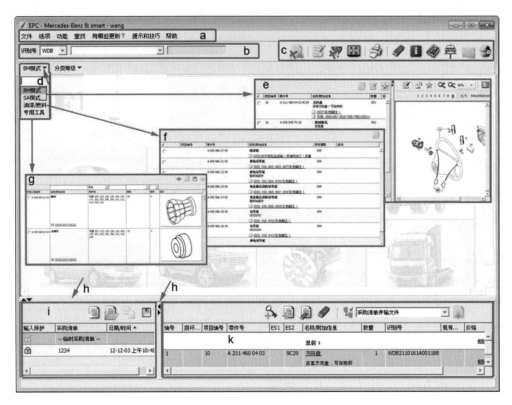

图5-6　窗口布局

　　f.油漆／工作液零件清单：在零件清单中进行零件确定并将零件加入采购清单中。

　　g.专用工具零件清单：专用工具编号显示在零件清单里。

　　h.可移动的分隔线：窗口的区域可以通过相应的分隔线改变大小。

　　i.清单概览：在EPC用户管理采购清单时提供支持。

　　k.采购清单：在采购清单中，列出零件清单中激活的零件／零件组。

3. 通过奔驰配件查询软件 EPC查询配件号的详细步骤

视频二维码

　　虽然配件查询软件EPC看着比WIS软件复杂，但是我们常用的也就是查找配件号码和反查配件的大概安装位置，所以我们以实用性来和大家分享，直接开始讲解查配件号码和反查法的详细实用步骤。

　　下面以一个车间投诉案例和大家分享一下奔驰查询配件编号的查询步骤。一辆213143奔驰车（E200L 4MATIC），客户反映车辆发动机抖动，发动机故障灯亮。

数据卡	
创建/显示/管理关于组别或分组的记录	
显示/更改过滤器	
显示/隐藏采购清单	
打印	
删除选中的数据	
EPC信息	
显示帮助	
启动WIS	
系统消息	
创建反馈信息	

图5-7　工具栏

对于这个故障当时很快确定了故障点，没过多长时间这个故障就基本排除了，客户也很满意，可是就在技师完全恢复装配配件时，一不小心碰断了一根细的水管。水管使用时间长了且老化了，客户也能理解，就说比坏在路上好多了，自己出钱换一个吧！车间人员就赶快拍照，拍车辆的车辆识别号，拍水管，然后发给供货商安排送货。不久后，水管被送过来了，但发现装不上，因为型号不一样。客户也没说啥，然后又送来一个，还是不对。最后供货商来了一句，需要订货，此时客户就接受不了了，开始投诉了。假如从一开始就告知客户这个水管配件需要订货，相信这个投诉基本上是可以避免的。从这个案例中我们不难发现，整体上是通过照片订货，根据外观订货就会造成一定的问题，因为有些配件虽然外观是差不多的，但是实际上是有区别的，造成技师就是装不上这个配件。

此时我们的配件查询软件 EPC 就显得格外重要了。通过 EPC 查出具体的配件号码直接发给供货商，不用看外观，也没有歧义，这样就避免了上面案例中的问题了。查配件号时，首先在 EPC软件中输入 17 位完整的车辆识别号，然后按电脑键盘的回车键，如图 5-8 所示，我们输入的是"LE42131431L012293"，按完回车键后，自动识别出来 E200L 4MATIC 车型。在组别窗口选择我们需要的组别就可以了。

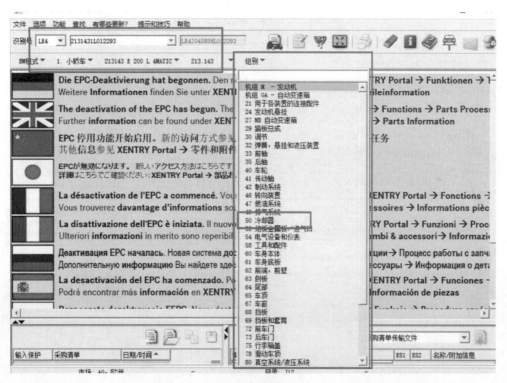

图5-8　EPC车辆识别

在组别窗口选择"50 冷却器"，直接点击一下就可以了。然后界面就会变成如图 5-9 所示的样子了。这里我们在"分组"组别中选择"165 膨胀容器、固定件和软管"，直接点击一下就可以了。

然后界面就会变成如图 5-10 所示的样子了。在此图中的左侧部分选中"120"号我们需要的水管部件，在图的左侧就会显示其对应的配件编号了。本案例的配件编号是"A 253 501 38 00"，我们把这个配件编号直接发给供货商，就会避免出现拿错或者订错配件的问题了，进而避免因为客户感觉技师不够专业造成投诉甚至客户流失。

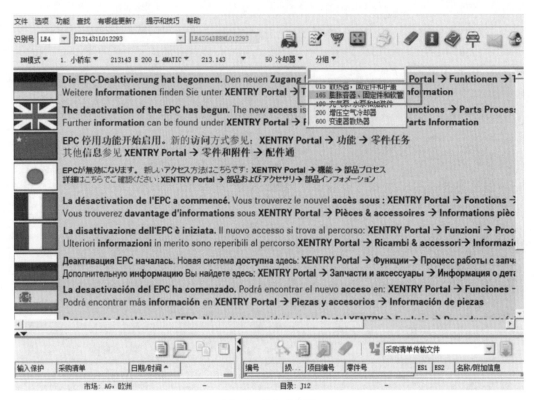

图5-9　选择分组别

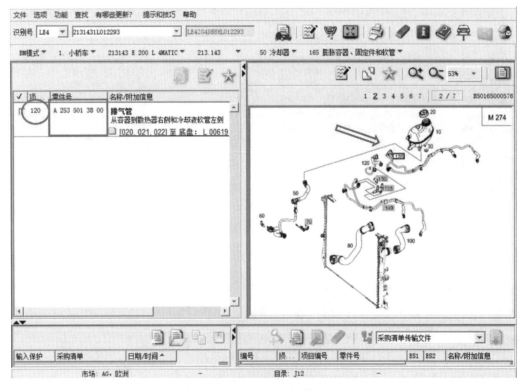

图5-10　显示配件编号

4. 奔驰配件查询软件EPC反查法

平常我们在车间装配车辆时，特别是车辆内部饰件，偶尔会有一些小的支架或者小的传感器找不到安装位置，或者说需要些时间，很影响维修效率。那么现在我们就用奔驰配件查询软件 EPC 来解决这个问题。

举例，我们有一辆 LE42131631L040385 车辆识别号的 E320L 的车，当时这辆车是水淹车，维修周期比较长，过了一段时间后配件到齐了，内饰也晾干了，技师在装配车辆时，有一个小的卡子怎么都想不起来它的安装位置了。分析原因有两个：原因一是车辆维修周期确实长了些，安装位置淡忘了；原因二是技师对这款奔驰车也是第一次维修，几乎没有维修经验。然后技师仔细观察发现，卡子上有零件编号，编号是"A 204 923 02 14"。那么我们根据这些信息开始帮助这位技师解决工作中的问题吧！

如图 5-11 所示，首先打开配件查询软件 EPC，然后输入此车的车辆识别号，接着按键盘的回车键，点击"查找"，点击"零件"。

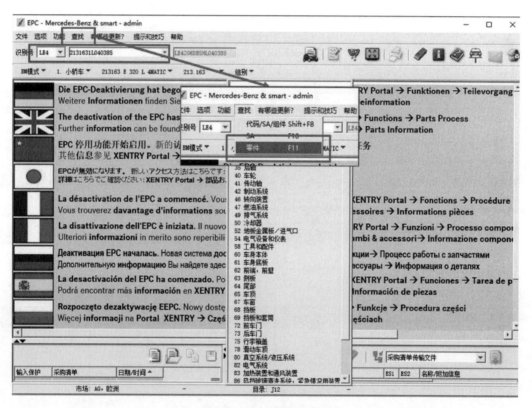

图5-11 点击"零件"选项

如图 5-12 所示，在此界面只需要输入我们找到的配件编号"A 204 923 02 14"，然后按电脑键盘的回车键就可以了。

在图 5-12 中，我们点击完回车键后，界面就变成了如图 5-13 所示的情况了。从界面的右侧我们可以很明显地看到这个卡子的安装位置了。也许有朋友会说这个卡子不难找到安装位置，的确是，对有一些工作经验的朋友来说，确实是不太难。那么假如不是这个卡子呢？假如没有这方面的维修经验呢？所以说，我们只要掌握了这个查询的方法，这些问题就迎刃而解了。

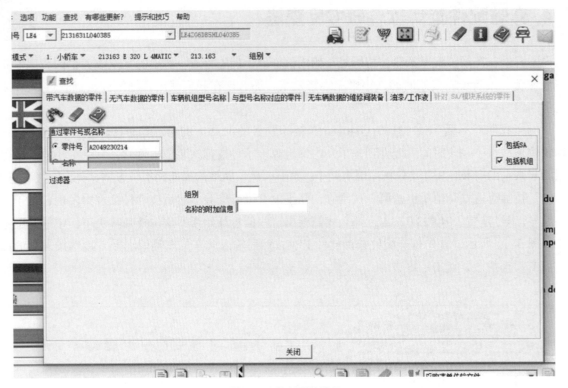

图5-12　输入配件编号

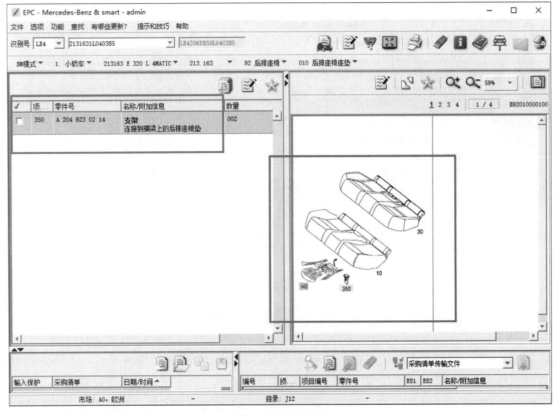

图5-13　卡子位置

下面和大家分享一个在车间遇到的一个案例。一辆奔驰 E260 CGI 车型，车辆识别号是WDD2073471F074387，客户反映倒车雷达不能用。根据客户反映的情况，技师上车测试倒车雷达的功能，确实是倒车雷达不能用，显示报错。然后技师连接奔驰诊断电脑，读取相关的故障代码，发现在 N62 驻车定位系统 PTS 中，报的故障代码是"924E4A 内部左前距离传感器存在功能故障，安装了错误的部件""92444A 外部左前距离传感器存在功能故障，安装了错误的部件"，如图 5-14 所示。

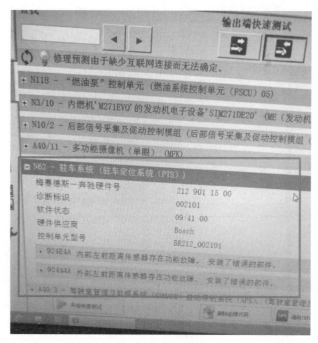

图5-14　故障代码

从故障代码分析，应该是倒车雷达传感器的问题。询问客户得知，在别的地方换过车辆的前部保险杠，之后就出现了倒车报警提醒功能不能用的情况，一直都没修好。然后技师拆下前保险杠的雷达报警传感器仔细观察后发现，倒车雷达传感器上的配件编号，的确是不一样的，如图 5-15 所示。那么发现了问题，技师就开始思考分析问题了，是什么原因导致的这个故障代码呢？安装了错误的配件？不适合这辆车？更换保险杠时传感器拆坏了？还是说这些传感器是有固定位置的，不能随便安装？

图5-15　雷达传感器

带着这些问题，我们把传感器的这些配件号输入我们的配件查询软件 EPC 中，进行反查，发现这些配件编号都适用于这辆车，说明安装的配件应该没有问题。仔细观察发现，雷达传感器的配件编号是分安装位置的，分内部和外部，如图 5-16 所示。

至此我们找到了问题的原因，按照内部和外部倒车雷达传感器的配件编号，重新装配了前部保险杠的雷达传感器。删除故障代码后，进行功能测试，倒车雷达功能一切正常，至此故障得到彻底排除。

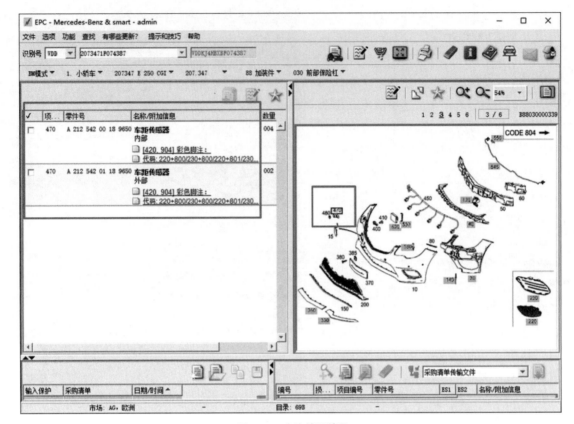

图5-16　查询的配件号

第六部分　奔驰维修工时查询软件ASRA篇

1. 奔驰维修工时查询软件ASRA简述和软件打开方法

视频二维码

奔驰维修工时查询软件 ASRA 在车间应用是很广泛的，ASRA 是车间维修工时查询系统，ASRA 各字母表示工作描述、标准文本、标准工时和工时单位。ASRA 是一个电子工时单位和标准工时目录，通过它可以快速可靠地搜索操作项目、工作时间。ASRA 另外还包含附加工作、步骤概述和说明文本以及车辆部件的图示。通过 ASRA 确定的数据是创建报价、工单和账单的基础。奔驰维修工时查询软件 ASRA 和奔驰维修资料查询软件 WIS 是集成在一起的，所以软件打开方式是一样的，软件打开之后点击切换窗口就可以了。

图6-1　奔驰ASRA图标

下面我们来看一下如何打开奔驰维修工时查询软件 ASRA。首先在我们的诊断电脑桌面上找到红色的汽车图标（注意：有的电脑上是蓝色火花塞图标），双击打开就可以了，图标形式如图 6-1 所示。

双击 WIS/ASRA 图标之后，界面就变成了如图 6-2 所示的样子了，在这个界面我们输入用户"admin"，口令"12345"就可以了。

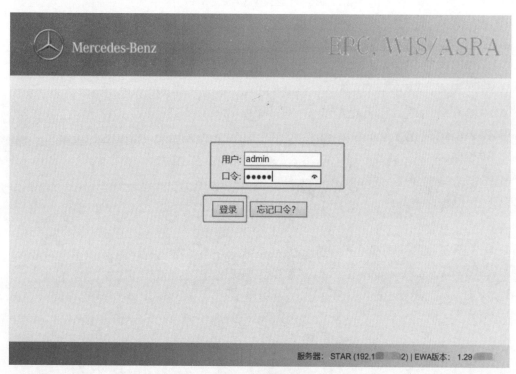

图6-2　登录窗口

接着点击"登录"按钮，界面就会切换成如图 6-3 所示的样子了。在此界面我们单击中间的 WIS/ASRA 图标就可以了。

在图 6-3 中点击 WIS/ASRA 图标后，有的电脑会弹出安全信息，如图 6-4 所示，然后在"我接受风险并希望运行此应用程序"的前面框中点一下选中，接着点击"运行"按钮，然后等待进入 ASRA 操作界面。

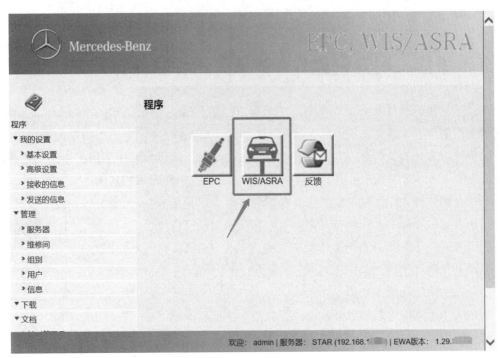

图6-3　选择WIS/ASRA程序

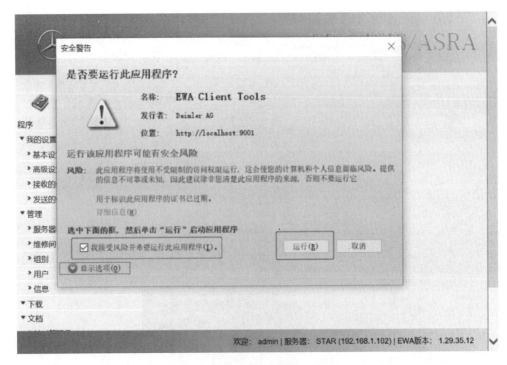

图6-4　安全提示

注意：①可能因为大家电脑的配置不同，所以进入软件的时间不一样。大家需要耐心等待，直到进入 WIS/ASRA 系统。②如果等了很久还是打不开，请关闭诊断电脑的无线网络，然后按照上面的步骤再打开 WIS/ASRA 就可以了。打开后的 ASRA 界面详情如图 6-5 所示。如果不一样，只需要点击界面左侧的 ASRA 图标切换窗口就可以了。

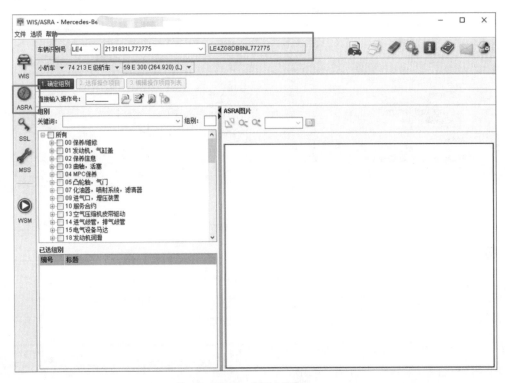

图6-5　ASRA界面

2. 奔驰维修工时查询软件ASRA用户界面介绍

从图 6-6 中 ASRA 界面布局来看，程序的用户界面采用了模块化设计，可以提供灵活的软件操作和切换控制。用户界面分成不同的区域，排列清晰明了。

A. 车辆识别系统：车辆识别系统中心构成查找工时单位的基础。输入车辆的车辆识别号后，在车辆识别系统中心确定车辆数据，这是进行所有其他步骤的基础。

B. 标准功能：功能图标按钮区域，可以调用其他功能。

C. 确定操作项目：如果在车辆身份识别中进行了必要的输入，则可以在 ASRA 模块中搜索操作项目和工时。搜索通过选中的查找范围确定。要想找到我们需要的维修工作的工时，总共分 3 个步骤：①要确定操作项目和工时，首先必须确定组别。②所有相关组别确定后，显示操作项目。在选择列表中可以选择单个操作项目。③选择的操作项目显示在操作项目列表中并可以根据需要进行编辑，也就是编辑操作项目列表。另外，对于特定的操作项目可以在 WIS 模块中查找文献（即相关的拆装文档）。

D. "组别"选择区域：要在 ASRA 模块中确定操作项目，必须确定组别。ASRA 模块中的组别按照设计组排序。除了树形结构外，确定组别还可以通过 ASRA 图片进行选择，如图 6-7 所示。

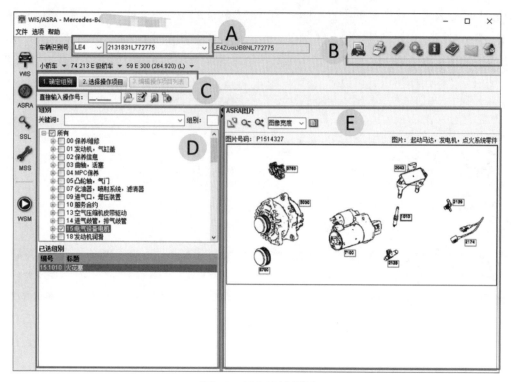

图6-6　ASRA用户界面

"组别"树形结构（a）：可以在树形结构中选择一个或多个组别/分组；"组别"输入栏（b）：可以直接以编号输入组别/分组。输入的组别/分组同样也显示在"组别"树形结构中；"关键词"下拉菜单（c）：可以通过技术概念选择组别。通过选择关键词从"组别"树形结构中选出相应的组别；"已选组别"列表（d）：显示所有已选组别/分组。

E."ASRA图片"选择区域：每张ASRA图片都唯一分配给一个车系和一个设计组。一张ASRA图片包含草图或车辆部件图示和感应字段。点击ASRA图片中的一个或多个感应字段，分配的条目接受到"已选组别"列表中，成为"ASRA查找范围"的组成部分。

注意：ASRA图片中显示的号码并不一定与相应的操作号一致。当创建了图片时，技术作者输入号码。如果接着更改了数据，图片不做调整。结构分组的操作号以及登录号可能改变；这些号码的唯一功能是感应栏的功能。通过感应栏选择结构分组。有些ASRA

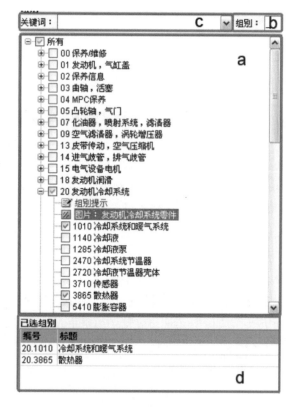

图6-7　图片选择

图片包含图片提示形式的解释性说明。

3. 通过奔驰维修工时查询软件ASRA查询工时的详细步骤

视频二维码

我们以查询一个更换火花塞的工时为例，向大家分享一下奔驰维修工时查询软件 ASRA 的查询的详细步骤。

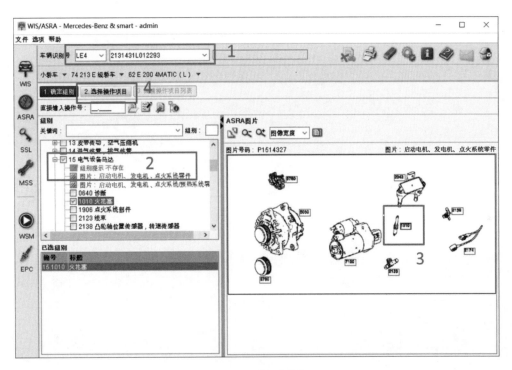

图6-8　选中火花塞

（1）在图 6-8 中，输入车辆完整的车辆识别号，然后按电脑键盘的回车键确认，ASRA 软件就已经识别了车辆数据。此案例中我们输入的车辆识别号码是"LE42131431L012293"，识别到了这辆车是 E200L 4MATIC 车型。

（2）由于火花塞分配在15组别，所以本案例中我们选择15组别，点击其前面的加号，然后点击"图片：启动电机、发电机、点火系统零件"就可以了。

（3）在图中的右侧选中火花塞，点击"1010"就可以了。如果选中后不能确定是不是火花塞，其实我们的软件在左下部分"已选组别"是有解释的。本案例中已经详细解释了已选组别是"15.1010火花塞"，说明我们已经选对了。

（4）点击"2.选择操作项目"，然后界面就切换成如图 6-9 所示的样子了。

（5）在操作项目中选择"15-1010-01"，直接在其后面方框中点一下选中就可以了。因为本案例没有其他选项，所以操作起来也是比较简单的，只有这一个选项，直接选中就可以了。

（6）上一步操作完成后，点击"3.编辑操作项目列表"，然后界面就切换成如图 6-10 所示的样子了。此界面就是我们的操作项目列表了，火花塞更换工时是 0.8 h。当然我们根据车辆的工作继续添加其他的工时项，直接点击"1.确定组别"回到初始状态，继续添加新的工时项就可以了。操作步骤和上面所述是完全一致的，大家多练习就可以了。

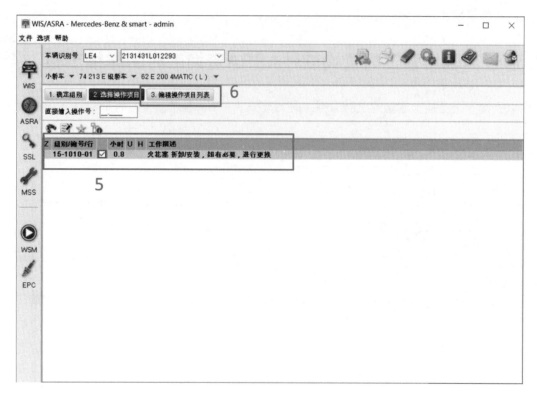

图6-9　选择操作项目

图6-10　操作项目列表

4. 通过奔驰维修工时查询软件ASRA查找部件拆装步骤的方法

在车间的工作中有时我们在拆装一些部件时发现不是那么好拆装，或者无从下手，首先我们想到的是利用之前找到的奔驰 WIS 软件查找拆装步骤，但是有时找了很久也不容易找到。因为 WIS 的组别目录都是文字性描述，所以有时候不太方便查找，此时我们利用奔驰维修工时查询软件 ASRA 的组别目录中的图片查找，就可以快速地查找部件的拆装步骤了。

我们举例来说明详细的查询步骤。一辆奔驰 213 底盘 E200L 车型，这个新款车型技师在拆装方向盘的转向柱模块时遇到了问题，看看他是怎么利用奔驰 ASRA 软件，找到转向柱模块的拆装步骤的。

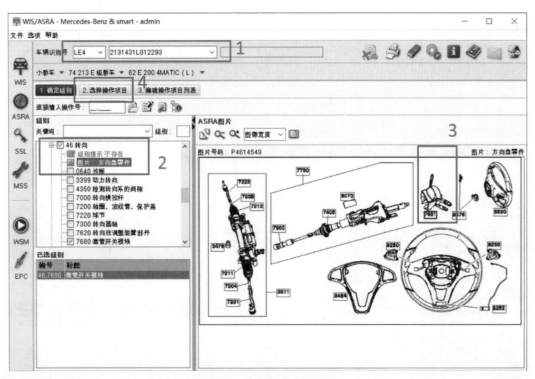

图6-11　选择转向柱模块

（1）在图 6-11 中，输入车辆完整的车辆识别号，然后按电脑键盘的回车键确认，ASRA 软件就已经识别了车辆数据。此案例中我们输入的车辆识别号码是"LE42131431L012293"，识别到了这辆车是 E200L 4MATIC 车型。

（2）找到组别"46 转向"，点击其前面的加号，然后点击"图片：方向盘零件"就可以了。

（3）在图 6-11 中的右侧选中转向柱模块，点击"7681"转向柱模块的图片就可以了。

（4）点击"2.选择操作项目"，然后界面就切换成如图 6-12 所示的样子了。

（5）在操作项目中选择"46-7681-02"，直接在其后面方框中点一下选中就可以了。因为本案例没有其他选项，所以操作起来也是比较简单的，只有这一个选项，直接选中就可以了。

（6）上一步操作完成后，点击"3.编辑操作项目列表"，然后界面就切换成如图 6-13 所示的样子了。

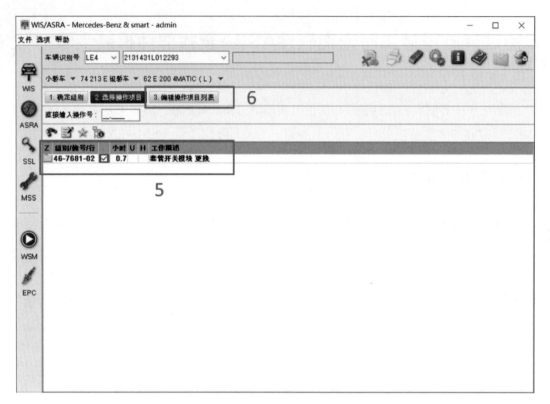

图6-12　选择操作项目

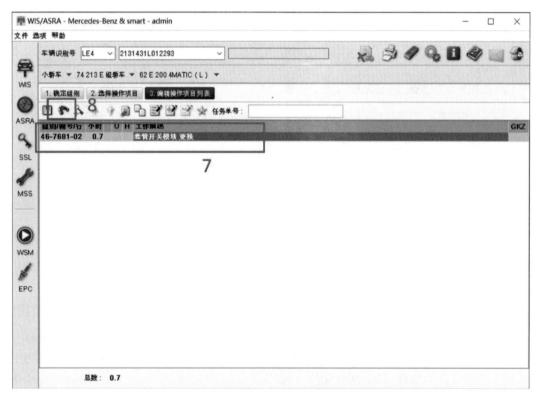

图6-13　操作项目列表

（7）选中我们要拆装的操作项目，本案例中比较简单，没有其他选项，我们直接点击一下"46-7681-02"，选中就可以了。

（8）点击望远镜图标，即查找有关所选操作项目的文献，通俗地讲就是，查找刚才我们选中的操作项目的拆装文件。点击完成后，界面就会切换成如图 6-14 所示的样子了。从图 6-14 中可以看到，软件直接切换到 WIS 软件了，并且帮助我们找到了"拆卸 / 安装转向柱模块"的文件了，此文件内有详细的说明拆装步骤。

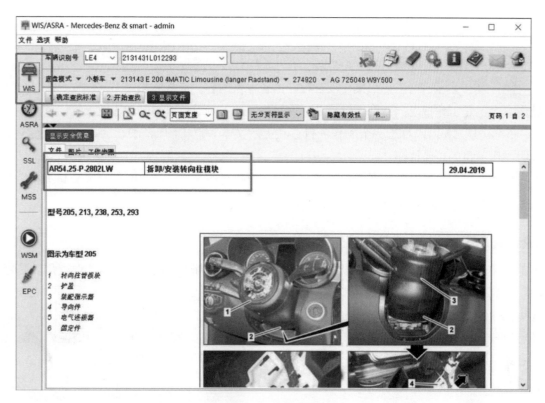

图6-14　拆装文档

5. 奔驰维修工时查询软件ASRA其他知识点介绍

5.1　选择列表操作项目介绍

下面和大家分享一下 ASRA 的操作项目列表的知识，如图 6-15 所示。

Z："Z"表示此操作项目涉及附加工作。文件夹图标显示，对于操作项目存在附加工作。显示和隐藏附加工作。

组别 / 编号 / 行：组别，设计组（2 位）；编号，编号（4 位）；行，行编号（2 位），保修订单信息。可以将操作号复制到剪贴板中，然后添加到输入栏"直接输入操作号"（或其他程序中）。

工时单位或小时：在这一列中显示操作项目的时间规定。根据设置中的设定，显示工时单位或小时。008 AW = 工时单位（1 工时单位 = 5 min）；1.5 h= 十进制小时（0.1 h = 6 min）。ZM 是工长规定时间，对于标识有 ZM 的操作项目，可以由工长（即车间经理或售后经理）规定时间。在"编辑操作项目列表"步骤中覆盖工长规定时间项目。是否允许用户覆盖工长规定时间项目，取决于设置中的设

Z	组别/编号/行		工时...	U	H	工作描述
	15-0640-01	☑	ZM			预热装置 检查 (快速测试后)
	15-0641-01	☐	**003**	U		**预热系统单个部件：………………… 根据故障代码检查**
	20-1010-01	☑	**006**			**用压力装置检查制冷和暖风系统的密封性 检查，记录诊断信息**
	20-1030-01	☑	**ZM**			**制冷和暖风系统 spülen**
	20-3865-06	☐	**030**	U		**散热器 拆卸和安装**
Z	*20-4300-01*	☑	*004*			*散热器的附加工作 拆卸和安装 带自动变速箱的车辆*
	20-4000-06	☑	**030**	U		**散热器 更换**
Z	*20-4300-01*	☑	*004*			*散热器的附加工作 拆卸和安装 带自动变速箱的车辆*
	54-1011-01	☑	**003**	U	H	**快速测试 进行**

图6–15　操作项目列表

定。并非所有工长规定时间项目都必须覆盖，有几个用作装配工提示文本。

U：图标“U”表示，对于一个操作项目存在内含操作内容。点击图标“U”会显示内含操作内容，内含操作内容不是工作指南，而是提供辅助，使已确定的工时单位可追溯和避免重复结算。

H：图标“H”表示，对于一个操作项目存在提示文本。点击图标“H”会显示提示文本，提示文本说明操作项目的技术特征。

工作描述：工作描述以简短形式表述相应部件上要执行的操作，必要时带有维修和实际生产配置信息。基本操作粗体显示；相关工作正常显示。

5.2　关于工时收费换算

奔驰拆装部件根据 ASRA 软件可以找到标准的拆装工时，那么在向客户收取工时费用时是怎么换算的呢？我们还是以 213 底盘 E200L 车型，更换火花塞为例进行说明，在前面的部分中我们已经知道，通过 ASRA 软件查到更换火花塞需要的标准工时是 0.8 h，假如中国市场经销商 1 h 收费 600 元人民币，那么就很好算出来了。0.8 × 600=480 元，根据计算我们得出 213 底盘 E200L 车型更换火花塞收取客户的工时费是 480 元人民币。

收取客户的工时费的计算公式是：

$$\text{标准工时总数} \times \text{收费系数} = \text{收取的工时费}$$

标准工时总数是通过奔驰维修工时查询软件 ASRA，查到的拆装部件的所有标准工时的总和。收费系数是由厂家制定的，但是每年根据市场变化，这个系数也在上涨或变化，并不是固定值。大家计算的时候一定要注意参考当地经销商的实际系数值。